ANTOINE BESSE

52 VOYAGES AUTOUR DU MONDE SANS QUITTER PARIS

RESTOS, CULTURE, BOUTIQUES...
LE DÉPAYSEMENT
AU COIN DE LA RUE

PARIGRAMME

N'hésitez pas à nous écrire : **parigramme@parigramme.fr**

Sommaire

INTRODUCTION 5

Afrique 7

Orient 29

Amérique du Sud 47

Amérique du Nord 65

Asie & Océanie 73

Europe 95

INDEX ALPHABÉTIQUE 124

INDEX GÉOGRAPHIQUE 126

On ne s'égare jamais si loin que lorsque l'on croit connaître la route.

Proverbe chinois

L'avion réchauffe l'atmosphère, la Covid refroidit l'ambiance et le tourisme de masse épuise la planète... Il semblerait que le monde nous contraigne à une immobilité assez radicale. Pas de voyage ? Pas de problème ! À Paris, être sédentaire n'a jamais empêché de partir en quête d'autres cultures, de se frotter à d'autres traditions.
Dans la ville aux 110 nationalités, une simple rue peut séparer le Pakistan de la Turquie ou l'Australie du Sénégal. Nous vous proposons ici 52 destinations pour autant de semaines afin de changer de chez-vous, à deux changements (maximum) de chez vous ! Prendre le thé comme à Téhéran, assister à une cérémonie comme à New Delhi, goûter du vin géorgien ou une spécialité brésilienne, rencontrer un poète grec ou une épicière ivoirienne...
Plus de 150 adresses testées et approuvées avec l'assurance de vous dépayser instantanément et sans décalage horaire. Vous n'aurez d'ailleurs pas de mal à réunir votre paquetage : un ticket de métro, un peu de curiosité... et ce guide.

Bon voyage !

AFRIQUE

8 Algérie
10 Côte d'Ivoire
12 Maroc
14 Sénégal
16 Tunisie
18 La Réunion
20 Madagascar
22 Éthiopie
24 Égypte
26 Île Maurice

Centre culturel algérien

ALGÉRIE

• Avouons que ni le quartier ni la grise façade aux réminiscences vaguement mauresques n'invitent aux youyous. Et pourtant ! Le **Centre culturel algérien** propose sous des abords austères une enthousiasmante programmation qui pioche aussi bien dans l'art moderne algérien que dans la tradition berbère (et inversement). Le grand atrium résonne chaque semaine de concerts de chants kabyles ou de musique chaâbi. Le mercredi, vous pouvez prendre des cours de calligraphie arabe, et le vendredi, de danse orientale.

• Le minaret découpe le ciel et le glouglou de la fontaine le calme de cette cour fleurant bon la menthe, les épices du restaurant voisin et le jasmin le printemps venu. Difficile de ne pas se croire en pleine médina algéroise, assis sur un banc en carrelage de ce **salon de thé de la Grande Mosquée de Paris.** Pour 2 €, soit un verre fumant de thé à la menthe, le prix du billet est imbattable !

• Le couscous chez les Abderrahmane, ou plutôt **Chez Mamane,** c'est une question sérieuse. Ça fait plus de vingt-cinq ans que le papa puis le fiston restaurent et abreuvent les bataillons d'initiés qui ont entrepris l'escalade de la Butte-aux-Cailles. Au programme : graine aérienne, viandes cuites à point et surtout un démentiel bouillon aux épices débordant de

coriandre. Le décor, avec ses nappes en toile cirée et le mur graffé par les street-artistes du cru, évoque plus le rade parisien que le palais oriental, mais c'est ça qui est bon.

• Mourad Mazouz, c'est l'homme qui transforme la semoule en or et qui n'a jamais bu le bouillon. À la tête d'un empire du couscool, il possède des adresses à Londres, Dubaï et Paris, bien sûr, avec ce **404** dont le matricule doit tout à la mythique Peugeot sillonnant le bled. Dans la salle en pierre de taille et au décor oriental tenu, on déguste une cuisine tradi et carrée : couscous berbère (sans sauce), kefta, pastilla...

Centre culturel algérien
171, rue de la Croix-Nivert, 15e • M° Boucicaut • Tél. 01 45 54 95 31
cca-paris.com • Ouvert du lundi au samedi de 9h à 17h

Salon de thé La Mosquée de Paris
39, rue Geoffroy-Saint-Hilaire, 5e • M° Censier-Daubenton • Tél. 01 43 31 38 20
la-mosquee.com/le-salon-de-the • Ouvert tous les jours de 10h à 23h

Chez Mamane
27, rue des Cinq-Diamants, 13e • M° Corvisart • Tél. 01 45 89 58 87 • Facebook : Chez Mamane • Ouvert tous les jours de 19h30 à 23h30.

404
69, rue des Gravilliers, 3e • M° Arts-et-Métiers • Tél. 01 42 74 57 81 • Facebook : le404restaurant ou 404-resto.com • Ouvert du lundi au vendredi de 12h à 14h30 et de 19h30 à 23h, samedi et dimanche de 12h à 16h et de 19h30 à 23h30.

Marché Gouro d'Abidjan

CÔTE D'IVOIRE

• Quand les devantures concurrentes se contentent d'un laconique "spécialités africaines" trop générique, chez **Ohinéné**, la cheffe Édith Gnapie affiche fièrement "restaurant ivoirien". Commencez donc votre exploration gustative de la Côte d'Ivoire par des beignets de bananes plantains et enchaînez sur la spécialité de la restauratrice, un succulent poulet fermier en *kédjénou* (cuit à l'étouffée dans un bouillon de légumes et d'épices) accompagné de semoule de manioc. Pâtissière de formation, Édith Gnapie propose aussi d'impeccables desserts comme le *dégué* (au yaourt et au mil). Environ 20 € par personne.

• La rue Doudeauville est l'une des artères les plus vivantes de ce petit golfe de Guinée posé dans le Nord parisien. Derrière le nom assez ronflant de **Marché Gouro d'Abidjan,** évoquant l'immense marché de l'ancienne capitale ivoirienne, se cache une toute petite épicerie débordant des produits de là-bas : bananes, graines de palme, piments, ignames... Madame M'bra en a sous la sandale ! Et si vous êtes un peu perdu, elle vous aidera volontiers. Attention aux âmes sensibles devant l'étal de produits fumés (poulet, queue de bœuf ou poisson) !

Mazalay Couture

• Le saviez-vous ? Le wax est une invention hollandaise datant de la colonisation dont le gros de la production vient des Pays-Bas (sauf la marque Uniwax à Abidjan, laquelle est néanmoins détenue par un groupe… hollandais !). Donc, si vous voulez soutenir l'artisanat ivoirien local, détournez-vous des chamarrures bataves et intéressez-vous au *kenté* (ou *baoulé*), le pagne traditionnel en coton tissé, splendide, solide et coloré. Dans sa petite boutique **Mazalay Couture,** Alexandre Zongo se fera un plaisir de vous confectionner sur mesure un vêtement unique dans ce superbe tissu. Effet waouh garanti !

Ohinéné
14, rue de la Chine, 20e • M° Pelleport • Tél. 01 71 20 67 62 • ohinene.fr
Ouvert du lundi au samedi de 11h30 à 15h et de 19h30 à 23h

Marché Gouro d'Abidjan
59, rue Doudeauville, 18e • M° Château-Rouge • Tél. 01 42 55 08 30
Ouvert tous les jours de 9h à 21h30

Mazalay Couture
10, rue Léon, 18e • M° Château-Rouge • Tél. 01 42 59 42 28 • Facebook : mazalaycouture • Ouvert le lundi de 14h à 18h, du mardi au samedi de 9h à 18h

Hammam Pacha

MAROC

• Un des rituels marocains incontournables est évidemment la visite au hammam. Paris en compte de nombreux, mais le **Hammam Pacha** sort du lot avec son décor en équilibre subtil entre kitsch et tradition : arches coniques carrelées, vaste bassin jacuzzi et lumières colorées. À la carte, une tripotée de soins (gommage, massage à l'huile d'oranger...). Une fois toute détendue et parfumée (le lieu étant réservé aux femmes), vous pouvez aller vous faire du bien à l'intérieur en savourant un tajine au restaurant du lieu.

• La petite rue des Gobelins ne s'impose pas comme l'artère la plus berbère de Paris. Pourtant, en poussant la porte du **Sirocco,** installé dans les anciennes écuries du Château de la Reine-Blanche, tout en poutres et pierres apparentes, on se retrouve tout de suite à Ouarzazate. Mais c'est avec les assiettes que le voyage enquille les miles : salade d'épinards aux olives violettes et huile d'argan, gouleyant tajine à la sardine, thym et courgette, solide couscous à la graine aérienne et pastilla au pigeon. On peut finir avec un petit cahoua à la cannelle ou un thé à la menthe. Environ 30 € le repas.

Mlle à Marrakech

• **Mlle à Marrakech**, jolie boutique avec ses murs blanc et bleu Majorelle, concentre sur deux étages un étonnant éventail de l'artisanat marocain moderne. Pour les papilles, on y trouve briouates, cornes de gazelle, épices pour tajine, vinaigre de figue... Pour la peau, le top des produits de beauté traditionnels (huile d'argan, eau de rose...) et, pour la maison, tapis en raphia et œuvres d'artistes du cru. Mouna Berrada, la jeune patronne, compte bien faire venir d'autres marques dans son délicat concept store du Maghreb.

Hammam Pacha
17, rue Mayet, 6e • M° Duroc • Tél. 01 43 06 55 55 • hammampacha.com
Ouvert du lundi au mercredi de 11h à 19h, jeudi et vendredi jusqu'à 22h, samedi et dimanche de 10h à 19h

Le Sirocco
8, rue des Gobelins, 13e • M° Les Gobelins • Tél. 01 43 31 13 13
restaurantlesirocco.com • Ouvert tous les jours midi et soir

Mlle à Marrakech
20, rue de la Terrasse, 17e • M° Villiers • Tél. 09 88 05 33 37 • mlleamarrakech.fr
Ouvert du mardi au vendredi de 10h30 à 20h30, samedi de 9h30 à 20h30, dimanche de 9h30 à 14h.

Keur

SÉNÉGAL

• C'est le wax qu'elles préfèrent ! Dans leur petite boutique **Keur** ("maison" en wolof) posée en plein Pigalle, Alfi Tall Brun, énergique trentenaire originaire de Dakar, et sa complice la designeuse Mélodie Baschet déclinent l'iconique tissu coloré d'Afrique de l'Ouest en une multitude d'objets : linge de maison, kimonos, tabourets, sacs, colliers... On trouve aussi de la vaisselle pop, des fauteuils tissés en scoubidou. Tout pour égayer un sage intérieur *toubab* ("Européen blanc" en wolof) ! Les lignes sont furieusement contemporaines, la réalisation strictement artisanale et les éditions évidemment limitées. Les prix s'échelonnent entre 5 € et 150 €.

• Au cœur du tumultueux Little Senegal parisien, la microscopique devanture de **Balie Bousso** passe inaperçue (notamment parce que le nom n'apparaît nulle part !). Pourtant, la micro-salle où l'on case difficilement six places vaut le détour pour le maxi voyage gastronomique qu'elle propose. Car voilà une authentique cuisine sénégalaise, réalisée par d'efficaces mamas, qui ravira les gourmands en quête de dépaysement. Selon le jour : succulent thiéboudienne rouge ou blanc (au poisson), *thiebou yapp* (à la viande), yassa poulet... Le tout à prix mini : comptez 10 € l'assiette débordante. Possibilité de prendre à emporter.

La Calebasse d'Afrique

• Un rapide sondage chez les mamas sénégalaises du quartier indique clairement que **La Calebasse d'Afrique** s'impose comme la meilleure épicerie pour retrouver les saveurs de Dakar dans son assiette. Et ça fait trente ans que ça dure ! Georges Turpin, imperturbable derrière le comptoir de cette petite boutique proprette et bien rangée, propose d'énormes capitaines congelés pour le thiéboudienne, des bouillons cubes Maggi, de l'huile de palme, de la pâte d'arachide, des bananes plantains, du thé Thiayne, indispensable pour l'*ataya*, la pause thé à la menthe version sénégalaise... À l'heure du goûter des petits, faites-leur découvrir une spécialité du cru introuvable hors du 18e : le *mbouraké*, une poudre de sucre et de chapelure. “Mais c'est bon aussi pour les adultes”, rassure Georges !

Keur
39, rue Jean-Baptiste-Pigalle, 9e • M° Pigalle • Tél. 09 84 32 74 38
keurselection.fr • Ouvert du mardi au samedi de 10h à 19h

Balie Bousso
25, rue Léon, 18e • M° Château-Rouge • Tél. 01 73 75 69 03
Facebook : Restaurant Balie Bousso • Ouvert du lundi au samedi de 13h à 20h

La Calebasse d'Afrique
1, rue de Panama, 18e • M° Château-Rouge • Tél. 01 42 55 04 62
Ouvert du mardi au samedi de 9h à 19h, le dimanche 9h à 16h

Chez Bob de Tunis

TUNISIE

• Ne vous fiez à son nom : **Di-Napoli** n'est pas une pizzeria napolitaine mais bien un restaurant typiquement tunisien ! À la carte de ce petit snack toujours bruissant, plutôt porté sur la vente à emporter, que des plats *made in* Tunis, des recettes populaires où se mélangent influences juives, arabes, berbères et grecques. On y déguste donc croustillantes bricks à l'œuf, *kefteji* bien relevée (une salade épicée de légumes frits), *mlawis* (galettes de blé) fourrés au thon ou encore le plat national, le *lablabi*, une succulente salade de pois chiches. Comptez entre 6 € et 9 € le voyage des papilles.

• **Chez Bob de Tunis,** c'est le rade le plus séfarade de Paris, toujours tenu par Bob l'éponyme, en poste derrière son comptoir depuis plus de trente ans. Dans cette minuscule boutique croulant sous les bibelots du bled et des photos de boxeurs en noir et blanc (notre taulier boxait lui-même dans sa jeunesse), les clients viennent avaler un plat du jour mijoté (telle une *market loubia* aux haricots et agneau) ou un mythique casse-croûte "tune" (pour "tunisien") gros comme un ballon de handball avec pain blanc, thon à l'huile savoureux, légumes marinés, citron confit et harissa maison (10 €).

• Délicates, parfumées et sucrées comme il faut, les pâtisseries de la maison **Masmoudi**, vendues dans une étonnante bonbonnière orientale souris et lavande, s'imposent sans forcer comme les meilleures de la ville. Deux secrets derrière cette perfection pâtissière : l'utilisation exclusive des incomparables amandes de Sfax et une fabrication artisanale stricte par des ouvrières tunisiennes (chacune est spécialisée dans un modèle et n'en fait pas plus de 2 kilos par jour, tant le travail est minutieux). Baklawas, perles amande, *tamrats* citron... Le plus difficile va être de faire un choix. À environ 22 € pour un ballotin de 25 pièces, la qualité se paye assez cher.

Di-Napoli
17, boulevard de Belleville, 11e • M° Ménilmontant • Tél. 06 98 50 42 19
chapati-tounsi.fr • Ouvert tous les jours de 10h à 2h

Chez Bob de Tunis
10, rue Richer, 9e • M° Bonne-Nouvelle • Tél. 01 45 23 51 79
Ouvert tous les jours sauf le samedi de 8h30 à 20h

Masmoudi
106, boulevard Saint-Germain, 6e • M° Odéon • Tél. 09 67 14 57 89
patisseriemasmoudi.fr • Ouvert du mardi au samedi de 10h à 20h

La Réunion

LA RÉUNION

• Murs lambrissés d'un blanc immaculé, fleurs exotiques garnissant le comptoir, ritournelle séga pour les oreilles… Bienvenue chez le digne représentant de la gastronomie créole à Paris, le bien nommé **La Réunion** ! Le menu joufflu fleure bon les alizés avec classiques de l'île comme les bouchons (bouchées vapeur au porc), les beignets d'aubergine ou la fraîche salade de zourite (poulpe). Le cari de poisson plein de saveur se montre raisonnablement épicé pour les palais métropolitains. Évidemment, difficile de partir sans avoir goûté la collection de rhums arrangés maison (7,50 €) pour parfaire le voyage tropical. Brunch dominical. Comptez 20 € par personne.

• Sylvie Sinimalé, brushing impeccable et bonne humeur en bandoulière, est l'ambassadrice énergique de la gastronomie réunionnaise. Quand elle ne tient pas un stand dans divers salons gourmands, elle communique son amour pour la cuisine chez **Passion Épices**, sa petite boutique magenta. Sur les étagères, tout ce qu'il faut pour le cuisinier avide d'épices en général et de saveurs créoles en particulier : confit de coco passion, tube de vanille, bocal de rougail de tamarin, préparation pour rhum arrangé, quarante sortes de poivre… Et le samedi, elle prépare elle-même des barquettes d'un excellent cari.

Passion Épices

• L'œil exercé du gourmet bourlingueur repère presto, dans la petite salle grège et bois, la plaque émaillée "La Dodo lé la", signe indiscutable qu'on se trouve à une adresse réunionnaise digne de ce nom. Mais, plus que la bière Dodo, le **Maloya** se spécialise dans le rhum : CRS (citron vert, rhum blanc, sucre de canne) ou arrangé cacahuète (6,50 €). Dans de petites cassolettes et une ambiance ultra-chaleureuse (un peu au collé-serré), on déguste *cabri massalé* (à ne pas confondre avec un cari !), rougail saucisse ou zourite au vin rouge... Environ 25 € par personne.

La Réunion
96, rue Daguerre, 14e • M° Gaîté • Tél. 01 42 18 48 70 • restaurant-la-reunion.fr
Ouvert tous les jours de 11h à 14h30 et de 17h à 21h

Passion Épices
59, rue Monge, 5e • M° Place-Monge • Tél. 01 45 30 98 31
Facebook : passionepices • Ouvert du mardi au samedi de 11h30 à 20h

Maloya
59 bis, rue de Lancry, 10e • M° Jacques-Bonsergent • Tél. 01 45 26 38 37
maloyaparis.fr/fr • Ouvert du mardi au samedi de 12h à 15h et de 19h à 23h

Sous les baobabs au marché

MADAGASCAR

• Comme beaucoup d'îles de l'océan Indien, Madagascar propose une cuisine de métissage où se croisent des influences d'Afrique, d'Asie du Sud-Est, d'Inde et de France, avec les épices en fil (chauffé au) rouge. Pour toucher des papilles cette délicieuse diversité, direction **Resto Gasy** (abréviation de malagasy), pimpante cantine où Sidonie Raharisoamalala, la cheffe, confectionne de succulents plats maison qui glougloutent en cuisine. Pause ravito avec un ravitoto (ragoût de porc et feuilles de manioc) ou un romazava au zébu (sorte de pot-au-feu), accompagnés de sambos relevés à l'achard de mangue (thérapeutique). Environ 25 €.

• Au cœur de Chinatown, toutes les épiceries vendent des sauces soja et nuoc-mâm. Toutes ? Non ! Ouverte en juillet 2020, **L'Épicerie de Madagascar** concentre dans un tout petit espace les ingrédients populaires de la Grande Île. Sur les étagères en alu, des conserves d'achards bien sûr (mangue, citron ou zévi), de feuilles de patate douce, de brède ou de manioc (indispensable pour faire son ravitoto). Mais aussi des bouteilles de la fameuse bière THB ou des huiles essentielles. Mais pas de vanille, produit bien trop luxueux !

L'Épicerie de Madagascar

• Sous les halles d'Aligre, entre les étals de fromages de nos régions et de salaisons artisanales, se trouve le modeste stand **Sous les baobabs au marché** qui offre aux chalands un voyage express dans l'océan Indien. Repartez le cabas chargé de sambos, accras, achards, barquettes (selon le jour) de rougail de crevettes, de porc au miel de Mada ou, plus étonnant, un coq au vin malgache ! Et si vous voulez donner un coup de fouet à vos plats, n'oubliez pas les atomiques bocaux de pâte de piment vert !

Resto Gasy
29, rue Dauphine, 6e • M° Odéon • Tél. 06 41 99 76 06 • resto-gasy.fr
Ouvert du mardi au samedi de 12h à 15h30 et de 19h à 23h, le dimanche de 11h30 à 17h.

L'Épicerie de Madagascar
3, rue Philibert-Lucot, 13e • M° Maison-Blanche • Tél. 01 44 73 05 76
epiceriedemadagascar.com • Ouvert du lundi au samedi de 10h30 à 19h

Sous les baobabs au marché
7, place d'Aligre, 12e • M° Ledru-Rollin • Tél. 06 83 49 78 30
Facebook : Sous Les Baobabs au marché
Ouvert mardi, jeudi et vendredi de 9h à 13h et de 16h à 19h30, le samedi de 9h à 20h, le dimanche de 9h à 14h30

ÉTHIOPIE

• Bienvenue chez **Sawa Shoes**, le temple de la basket 100 % éthiopienne ! Loin du piège ethnique avec lion et couleurs rastafaris omniprésentes, Mehdi Slimani, le patron kabyle qui croit dur comme fer à la révolution industrielle africaine, a voulu des lignes sobres et des motifs pop et modernes pour ses sneakers qui vont plaire à tous les publics. Les modèles sont entièrement réalisés en Éthiopie, du caoutchouc des semelles au tannage du cuir, en passant par la communication sur les nouveaux modèles ! Sa jolie boutique, surveillée par un Lénine peint, vestige de la junte communiste éthiopienne, vaut également le détour. Entre 95 € et 125 € la paire.

• Antiquaire et entomologiste : étonnante double spécialité pour Cyril Di Gennaro, le propriétaire d'**ALD**, un étroit cabinet de curiosités situé à quelques encablures de Notre-Dame ! Entre les vitrines de papillons chatoyants et de scarabées irisés, l'amateur d'art africain trouvera une sélection au cordeau de magnifiques antiquités strictement éthiopiennes. Icônes chrétiennes de style naïf, tableaux religieux, bijoux en argent, appuis-tête en bois (une des passions du proprio), croix délicatement ouvragées... Une boutique rare et des prix assez raides.

• Pas de couverts, pas de problème ! Chez **Godjo,** on mange avec les mains (en réalité, on s'aide de l'*injara,* la crêpe qui sert de plat) comme à Addis-Abeba. Au menu des festivités à partager : poulet en sauce, ragoût de bœuf, œuf mariné, purée de lentilles corail… Les spécialistes vous le confirmeront : certains piments éthiopiens se montrent assez sévères pour nos palais d'Occidentaux ! Mais Yonas, le sympathique taulier, ne prend personne en traître et vous explique tout avant de prendre les commandes. Ne partez pas sans tester le célèbre moka éthiopien, le meilleur arabica du monde. Environ 20 € par personne.

Sawa Shoes
37, rue Myrha, 18e • M° Château-Rouge • Tél. 01 71 27 71 76 • sawashoes.com
Ouvert mardi, jeudi et vendredi de 12h à 19h, samedi de 11h à 19h

ALD
19, rue Frédéric-Sauton, 5e • M° Maubert-Mutualité • Tél. 01 42 03 72 25
Ouvert du mardi au samedi de 11h à 19h

Godjo
8, rue de l'École-Polytechnique, 5e • M° Maubert-Mutualité
Tél. 01 40 46 82 21 • Facebook : Restaurant Godjo • Ouvert tous les jours de 12h à 16h et de 18h à 23h

Le Café Égyptien

ÉGYPTE

• Vous avez plus d'appétit qu'un barracuda ? Alors, voile sur le **Kouchery du Bon Cœur.** Certes, ce petit self en simili-bois planqué dans une rue du 18e se montre un peu moins impressionnant que l'arrivée devant les temples d'Abou Simbel. Mais nul couscous ou tajine à la carte, seulement des classiques des snacks du Caire : *foul* (fèves à l'huile citronnée), *mahchis* (feuilles de vigne farcies) et bien sûr la vedette, le *kouchery,* une solide assiette de riz à la tomate, de lentilles et de pâtes surmontée d'oignons frits. Assez de calories pour remonter le Nil à la nage ! Comptez 15 € par personne.

• Velours carmin, bois sculpté et musique orientale, on retrouve au **Café Égyptien** l'ambiance typiquement cosy des gargotes cairotes où l'on vient fumer la chicha, vider un verre de thé fumant (ou huit) et jouer aux dominos. Comme il faut bien reconnaître que toute cette hyperactivité, ça creuse, les patrons servent également des assortiments de plats de là-bas, à grignoter entre deux bouffées de tabac au miel : salade, kofta, riz aux vermicelles et caviar d'aubergines ou falafel et *foul.* Comptez 8 € pour le narguilé et autant pour l'apéro.

Épicerie Le Caire

• Si vous avez envie de vous enivrer chez vous des fragrances de l'Égypte éternelle, alors direction la bien nommée **Épicerie Le Caire,** où les étagères ploient sous tous les produits orientaux possibles. Dans un déluge d'odeurs, une logique toute relative et une orthographe inventive, on peut y dénicher des tonnes d'épices, des plantes séchées (menthe, sumac, boutons de rose...), du houmous, du tahini, des fromages, des olives, mais aussi du henné ou des babouches. La femme d'Adel, le patron, propose en prime une succulente crème d'artichauts. Qui a dit "caverne d'Ali Baba" ?

Kouchery du Bon Cœur
128, rue du Mont-Cenis, 18e • M° Porte-de-Clignancourt • Tél. 01 42 64 31 07
Ouvert du mardi au dimanche de 11h30 à 22h30

Le Café Égyptien
114, rue Mouffetard, 5e • M° Censier-Daubenton • Tél. 01 43 31 11 35
Ouvert tous les jours de 13h à 2h

Épicerie Le Caire
60, rue de Belleville, 20e • M° Pyrénées • Tél. 06 10 81 35 48
Ouvert tous les jours de 10h à 22h

Mauritius Bazar

ÎLE MAURICE

• Entourée de commerces pakistanais comme l'île Maurice l'est de l'océan Indien, l'épicerie **Mauritius Bazar** apporte une couleur bien à elle à la rue Faubourg-Saint-Denis. Ici, on peut bien sûr goûter la bière locale, la Phoenix (et sa sœur réunionnaise la Dodo), repartir avec du sel de Tamarin, du sucre de canne et des piments pour le *briani* (version mauricienne du *biryani* indien). Mais le patron, M. Sati Bhaugeerutty, propose aussi des plats fraîchement cuisinés, notamment l'ultra-typique *dholl puri,* une galette garnie de purée de lentilles (1 € les deux !), pour se croire dans les rues de Port-Louis.

• Drapeau mauricien en majesté, feuilles de palmier en décoration et nappes en paréo, **Le Mauritius** annonce clairement les couleurs : nous voilà au cœur de la gastronomie de l'océan Indien. Sur la carte turquoise, on trouve tous les classiques créoles bien relevés : assortiments de samoussas, crabe farci, boudin pimenté, cassolette d'ourite (poulpe) au vin rouge, rougail saucisse. À faire couler avec un petit rhum arrangé... et modération, naturellement. Comptez 25 € la balade gustative.

Le Mauritius

• Les filaos sont ces arbres chevelus qui frangent les plages de nacre du Morne ou de Flic-en-Flac et offrent une ombre bienvenue face à l'implacable soleil tropical. Le restaurant **Les Filaos** est une élégante ambassade de la cuisine mauricienne, au croisement de l'Asie, de l'Inde et de la métropole. On s'y régale de curry de poulpe, de *biryani* d'espadon ou de nouilles sautées. Un repas mauricien respectable se termine évidemment par une part de tarte à la banane.

Mauritius Bazar
98, rue du Faubourg-Saint-Denis, 10ᵉ • M° Gare-de-l'Est • Tél. 01 48 00 82 12
Ouvert du lundi au samedi de 9h30 à 20h

Le Mauritius
3, rue Ernest-Cresson, 14ᵉ • M° Mouton-Duvernet • Tél. 01 45 39 00 91
restaurant-lemauritius-paris.com • Ouvert du lundi au samedi midi et soir, le soir uniquement le dimanche

Les Filaos
5, rue Guy-de-Maupassant, 16ᵉ • M° Rue-de-la-Pompe • Tél. 01 45 04 94 53
lesfilaos.fr • Ouvert du lundi au samedi de 12h à 22h30

ORIENT

30 Afghanistan
32 Israël
34 Liban
36 Iran
38 Arménie
40 Kurdistan
42 Géorgie
44 Turquie

Kootchi

AFGHANISTAN

• Avec sa déco typique, un peu poussiéreuse, son patron taiseux et sa salle basse de plafond, un poil oppressante, **Kootchi** évoque assez bien ce qu'on imagine être l'ambiance rude (mais correcte) d'une cantine populaire des rues de Kaboul. Au menu de ce petit restaurant accroché depuis les années 1980 au raidillon de la rue du Cardinal-Lemoine, que des plats 100 % afghans à prix d'ami. D'ailleurs, pour goûter vraiment les saveurs du pays, n'hésitez pas à vous éloigner du premier prix pour piocher dans la formule à 13,50 € : aubergine *bandjan bourani* au yaourt à l'ail, *qabili palau* (veau sauté et riz basmati aux amandes coloré de safran). À faire couler avec du *dour,* un yaourt au cumin.

• **Merveilles de Kaboul** est une bijouterie orientale où se mêlent créations maison et modèles importés. Les étagères débordent de bagues, de boucles d'oreilles et de colliers en agathe, turquoise, argent massif, lapis-lazuli... Mais le patron, Torialai Shafagh, un Afghan pur jus, propose aussi des sacs, de sombres tuniques des nomades kuchis, des tissus suzanis colorés, d'élégantes toques brodées... Et si vous devenez un habitué, vous serez accueilli avec un verre de thé !

Merveilles de Kaboul

• Instruments traditionnels aux murs, poutres apparentes, kilims en pagaille, **Afghani** coche toutes les cases de l'ambiance typiquement afghane. Au menu, une cuisine populaire où se mélangent rudesse montagnarde et influence indienne subtilement pimpée pour nos délicats palais occidentaux. On se régale d'une *shorwa* (soupe) en entrée avant de déguster une assiette d'*ashaks*, les fameux raviolis au poireau sauce au yaourt aillé, spécialité de la maison. En dessert, impossible de faire l'impasse sur la crème à la cardamome ! Comptez 16 €.

Kootchi
40, rue du Cardinal-Lemoine, 5e • M° Cardinal-Lemoine • Tél. 01 44 07 20 56
Facebook : Kootchi • Ouvert du lundi au samedi midi et soir

Merveilles de Kaboul
9, rue Dupuytren, 6e • M° Odéon • Tél. 01 55 42 13 50
Facebook : merveilles.dekaboul • Ouvert du lundi au samedi 11h à 20h

Afghani
16, rue Paul-Albert, 18e • M° Château-Rouge • Tél. 01 42 51 08 72
Ouvert lundi soir et du mardi au samedi midi et soir

Miznon

ISRAËL

• La star des fourneaux Eyal Shani (il possède le North Abraxas et Port Saïd à Tel-Aviv) a accosté à Paris en 2013 et depuis, ça dépote ! Dans son **Miznon** du Marais (il a deux autres adresses, quai de Valmy et vers les Grands Boulevards) en pierres nues, mobilier indus et tableau noir, ça rigole, ça s'exclame, ça chaloupe sur une bande-son hip-hopisante, mais surtout ça se régale de recettes levantines au top. Venez vous pâmer devant les pitas garnies au choix de bœuf bourguignon, de kebab d'agneau et coriandre ou de ratatouille. À accompagner de la vedette des lieux, le chou-fleur braisé, magnifique de simplicité. Faites pousser tout ça avec une bière de là-bas. Environ 12 € la pita.

• Difficile de faire plus intensément juif que le **Bazar Suzanne**. Cette sobre petite boutique regorge de produits ménagers répondant aux (nombreux) besoins rituels et qui remplissent de perplexité tous les goys de la planète : verres à kiddouch, vaisselle spécial Pessah, mijoteuse autochauffante ou cache-lampe évitant de provoquer une étincelle électrique (en appuyant sur un interrupteur) durant shabbat. Mais on y trouve aussi des livres de recettes, des produits de beauté de la mer Morte et une bonne douzaine de modèles de chandelier à neuf branches...

Sacha Finkelsztajn

• Pour découvrir les spécialités plus spécifiquement yiddish (donc d'Europe de l'Est), c'est dans la boutique jaune poussin de **Sacha Finkelsztajn** qu'il faut aller. Depuis 1946 (excusez du peu), on y déguste, entre autres *delicatessen,* d'excellents *pletzels* tartinés de caviar d'aubergines et garnis de pastrami, des *pierojkis* fourrés aux épinards, des parts de strudel aux pommes ou de *sernik* (cheesecake) au citron... À boulotter sur un mange-debout ou à emporter. Tout est ultra-frais et totalement maison. Attention, durant les (nombreuses) fêtes juives, il y a foule !

Miznon
22, rue des Écouffes, 4e • M° Saint-Paul • Tél. 09 71 34 53 84
miznonnyc.com/paris • Ouvert du lundi au jeudi de 12h à 23h, le vendredi de 12h à 15h30

Bazar Suzanne
14, rue Ferdinand-Duval, 4e • M° Saint-Paul • Tél. 01 48 87 34 84
bazar-suzanne.com • Ouvert du dimanche au jeudi de 10h à 19h, le vendredi de 10h à 17h

Sacha Finkelsztajn
27, rue des Rosiers, 4e • M° Saint-Paul • Tél. 01 42 72 78 91 • laboutiquejaune.fr
Ouvert mercredi et jeudi de 10h à 19h, du vendredi au dimanche de 10h à 19h30

Les Trois Cèdres

LIBAN

• **Les Trois Cèdres**, mini-resto planqué dans une petite rue du 13e, représente l'expérience la plus convaincante de repas chez une maman libanaise de ce côté-ci de la Méditerranée. Anna connaît tous ses clients par leur prénom, leur demande d'aider au service, discute de la vie ou des chats et offre le thé à la menthe, une soupe, des desserts. Comme à la maison, on vous dit ! Ses assiettes regorgent de spécialités préparées le matin même : houmous, *mouttabal*, taboulé libanais, kefta, *chich taouk*... Les étudiants de l'École des Gobelins voisine viennent en nombre profiter de son offre de barquettes remplies comme un œuf pour 6 €. Comptez 12,50 € pour une assiette avec viande (et ses multiples suppléments).

• Scoop : l'Orient ne s'est pas figé au temps des sultans ! La styliste Lina Audi le montre de façon éclatante dans sa belle boutique **Liwan** en pierre de taille. On y trouve la crème de la création contemporaine libanaise nourrie au savoir-faire des artisans. On y dégotte des vêtements traditionnels faits main (caftans brillants, babouches, abayas en lin brodé) pour *chiller* à la maison, mais aussi des savons d'Alep, des poufs géométriques, un ensemble d'accessoires pour le hammam, des bijoux en cuivre, des chandeliers d'albâtre, des dessus-de-lit... Une élégance intemporelle tout en raffinement.

Les Délices d'Orient

• Mieux fourni qu'un supermarché beyrouthin, **Les Délices d'Orient** propose aux chalands (souvent libanais, c'est toujours bon signe) tout le panel des spécialités orientales, pour mettre sur la table un mezze royal dans la plus pure tradition. Les cuisiniers courageux y trouveront tout pour le préparer : légumes (blette, chicorée...), pain libanais frais, épices, fruits secs, fromage... Les plus flemmards se rabattront sur le stand traiteur pour d'excellents poivrons farcis au fromage, des chaussons aux épinards *fatayer*, du houmous... Ne passez pas à côté des desserts : classiques baklawas au miel, glaces "peau de lait" ou sorbets à la rose.

Les Trois Cèdres
6, rue Michel-Peter, 13e • M° Les Gobelins • Tél. 01 42 17 07 00
Facebook : Les3Cedres • Ouvert du lundi au vendredi de 11h30 à 15h et de 18h à 22h, samedi de 11h30 à 22h

Liwan
8, rue Saint-Sulpice, 6e • M° Odéon • Tél. 01 43 26 07 40
Ouvert le lundi de 14h à 19h, du mardi au samedi de 10h30 à 19h

Les Délices d'Orient
52, avenue Émile-Zola, 15e • M° Charles-Michels • Tél. 01 45 79 10 00
lesdelicesdorient.com • Ouvert du mardi au dimanche de 8h30 à 20h

IRAN

• L'attachement des Iraniens exilés au 15e arrondissement ne doit rien au hasard. Cela remonte à l'époque du Shah et à la promotion, en Iran, du programme immobilier de Beaugrenelle. Aujourd'hui, la rue des Entrepreneurs demeure une petite Téhéran avec, notamment, l'épicerie **Eskan**. On y dégotte mille produits totalement exotiques pour le Parisien moyen : *limou amani* (citrons séchés), confitures à l'épine-vinette, bouteilles de sirop de saule d'Égypte, nougats d'Ispahan à la rose ou cristaux de sucre parfumé au safran... Magique !

• **Cheminée** fait feu de tout bois (haha !) pour proposer le meilleur de la gastronomie iranienne au cœur du petit Téhéran du 15e. Dans une salle plutôt chic (banquettes en bois garnies de coussins, guéridons orientaux, ancienne vaisselle du pays...), on déguste des assiettes éminemment voyageuses tout en délicatesse et en épices : soufflé fève et aneth, yaourt à l'ail sauvage, brochettes de poulet à la grenade à accompagner d'un thé au safran. En dessert, un *faloudeh*, sorbet parfumé à la rose et au citron vert. Comptez 20 € le plat.

Cheminée

• Derrière sa façade vitrée assez quelconque, le **Centre Pouya**, créé en 1989 par Abbas Bakhtiari, toujours aux commandes, mêle promotion de la culture iranienne millénaire et discret salon de thé, fréquenté par quelques initié(e)s farsiphones. Asseyez-vous sur un tabouret en bois brut ou un pouf brodé au milieu des épais tapis et commandez un thé à la cardamome (3 €), apporté comme il se doit sur un plateau en cuivre étamé, accompagné de quelques dattes. Puis laissez-vous bercer par la musique du maître des lieux…

Eskan
62 bis, rue des Entrepreneurs, 15e • M° Charles-Michels • Tél. 01 45 77 06 16
eskan-paris15.fr • Ouvert tous les jours de 9h à 20h

Cheminée
60 bis, rue des Entrepreneurs, 15e • M° Charles-Michels • Tél. 09 53 67 94 73
restaurant-cheminee.fr • Ouvert le lundi soir et du mardi au dimanche midi et soir

Centre Pouya
48, quai de Jemmapes, 10e • M° Goncourt • Tél. 01 42 08 38 47
Facebook : centrepouya • Ouvert du lundi au samedi de 11h à 23h, le dimanche de 12h à 21h

Les Diamantaires

ARMÉNIE

• Entre 1925 et 1938, 63 000 Arméniens trouvèrent refuge en France, pays proche des chrétiens d'Orient. Beaucoup se fixèrent dans le 9e pour travailler dans la confection ou la joaillerie. Ouvert depuis 1929, **Les Diamantaires** tire son nom de cette période pionnière. Même si le menu s'est largement "brasserisé" et la déco "passe-partoutisée", on y retrouve de nombreux plats arméniens, une cuisine à cheval entre Balkans et Levant : dolmas maison (feuilles de vigne farcies), aubergines aux oignons confits, bœuf à la tomate *(kokinisto)*... Environ 30 €.

• Nichée entre deux élégants immeubles en pierre de taille du 8e, la charmante **cathédrale apostolique arménienne Saint-Jean-Baptiste**, achevée en 1904 et rappelant la cathédrale d'Etchmiadzine à Erevan (mais vous le saviez...), a servi de point d'ancrage aux immigrés arrivés en masse après les pogroms de 1915-1925. La paroisse multiplie les activités et le dimanche à 10h30, dans la nef un brin baroque, le père Houssik psalmodie un office en grande pompe et en grabar (arménien médiéval). Dépaysant !

Cathédrale apostolique arménienne
Saint-Jean-Baptiste

• Les frères **Heratchian,** qui ont fondé cette petite épicerie en 1925, ne sont plus de ce monde, mais Georges Kourounis, le repreneur (depuis 1977, une paille !), n'a rien voulu changer à l'ambiance. C'est donc toujours un bout d'Erevan qui tient ce bout de trottoir de la Little Armenia parisienne avec son néon Halva le Bosphore. Étals de beureks maison (feuilletés au fromage), soudjouks (saucisses noires fumées), seaux d'olives, sacs de graines... Les produits arméniens, turcs, grecs se mélangent dans un beau syncrétisme gastronomique.

Les Diamantaires
60, rue La Fayette, 9e • M° Cadet • Tél. 01 47 70 78 14 • lesdiamantaires.com
Ouvert du lundi au samedi midi et soir, le dimanche midi

Cathédrale apostolique arménienne Saint-Jean-Baptiste
15, rue Jean-Goujon, 8e • M° Alma-Marceau • Tél. 01 43 59 67 03
jeaap.net • Matines chaque jour à 8h45, messe dominicale de 10h30 à 12h

Heratchian Frères
6, rue Lamartine, 9e • M° Cadet • Tél. 01 48 78 43 19 • Ouvert le lundi de 11h à 19h, du mardi au samedi de 9h à 18h, le samedi jusqu'à 18h45

KURDISTAN

• C'est en France, en 1919, que l'idée d'un Kurdistan indépendant a été envisagée. Cela a sans doute joué dans le choix de Paris pour les Kurdes ayant fui depuis 1990 le régime turc. La jeunesse kurde se retrouve chez **Avesta** (du nom des textes sacrés du Zoroastre), une petite cantine ultra-typique décorée moitié comme un salon oriental, moitié comme un self est-berlinois. Au menu, des spécialités rares et roboratives tout droit venues de Beyazit comme des *gözleme* (galettes de blé) aux épinards, faites sous vos yeux (3,50 €), des *Izmir köfte* (boulettes de boulgour farcies à la viande) à 10 € ou un solide pot-au-feu d'agneau bien épicé (9,50 €).

• Ne parlez pas de kebab ! Chez **Urfa Dürüm**, la spécialité, c'est le *dürüm,* sandwich traditionnel kurde préparé minute pour lequel le quartier fait la queue. Un pita maison cuit au four garni de crudités fraîches (tomates, roquette...) et d'une brochette (agneau, poulet..., à partir de 7 €) tout juste sortie de la braise. “Le secret, c'est de lancer la cuisson de la viande et du pain en même temps”, confie Silimani, le souriant patron. À déguster aux beaux jours sur les tables basses en terrasse. N'oubliez pas de tester aussi le *lahmadjun* (2,50 €), excellente pizza orientale garnie de viande hachée et parfumée au sumac.

Urfa Dürüm

• Peut-on faire, à Paris, plus kurde que le **centre culturel Ahmet-Kaya** ? La réponse est non ! Dans cet ancien espace industriel éclairé aux néons, on trouve une bibliothèque (entièrement en kurde), une buvette (où le barman parle kurde), des portraits de martyrs (kurdes). Ceux qui le fréquentent ont souvent leur carte au PKK, le mouvement indépendantiste (kurde) classé comme organisation terroriste par Paris...

Avesta
15, rue d'Enghien, 10e • M° Bonne-Nouvelle • Tél. 01 47 70 47 71
Ouvert du lundi au samedi de 10h à 22h30

Urfa Dürüm
58, rue du Faubourg-Saint-Denis, 10e • M° Château-d'Eau • Tél. 01 48 24 12 84
Ouvert du lundi au samedi de midi à minuit, le dimanche de midi à 22h

Centre culturel Ahmet-Kaya
16, rue d'Enghien, 10e • M° Bonne-Nouvelle

L'église Sainte-Nino

GÉORGIE

• **L'église Sainte-Nino** a été fondée en 1929 (notamment par le père de l'actuelle présidente du pays, Salomé Zourabichvili) à destination des Géorgiens orthodoxes réfugiés en France, à la suite de l'annexion de la Géorgie par l'URSS en 1921. Installée au rez-de-chaussée d'une barre d'immeubles des années 1970, la salle basse de plafond impressionne bien moins que la ferveur des fidèles qui viennent écouter l'office dominical en géorgien, au milieu des icônes accrochées aux murs !

• Sous les bons soins de la cheffe Ketevan Tsitskadze, vous allez découvrir chez **Colchide** la gastronomie géorgienne, aussi succulente que difficile à prononcer. Ne manquez pas la spécialité de la maison : les roulés d'aubergine aux noix et grenades *(nigvziani badrijani),* avant d'enchaîner sur une réconfortante jatte de *tchachouchouli,* un plat en sauce de veau à la tomate. Tout cela s'accompagne sans discussion possible d'un *khatchapouri,* un nom rendant peu hommage à ce mortel pain au fromage tout juste sorti du four (5 €) qui embaume la salle.

• Datchi Tchagavana, propriétaire de Colchide, a comblé une lacune parisienne avec **La Cave de Colchide**. Voilà enfin un lieu où l'on peut acheter une sélection de vins géorgiens, pays qui en a un peu inventé le

Colchide

principe et où il est encore élevé, comme à l'origine, dans de grandes jarres enterrées (appelées *qvevri*). Le pays est notamment connu pour ses vins orange à base de cépages rkatsiteli et mtsvane. À déguster dans un joli décor moderne en grignotant un *khatchapouri*. *"Gaumarjos !"* (Santé !), comme on dit là-bas !

• Chez **Supra**, jeune cave au design minimaliste, on retrouve une sélection pointue de vins nature géorgiens (dégustations régulières), mais aussi un peu d'épicerie fine.

Église Sainte-Nino
6, rue de la Rosière, 15ᵉ • M° Félix-Faure • saintenino.org • Office le dimanche à 10h30

Colchide
97, rue des Poissonniers, 18ᵉ • M° Marcadet-Poissonniers
Tél. 09 80 94 09 68 • colchide.paris • Ouvert tous les jours, midi et soir

La Cave de Colchide
87, rue des Poissonniers, 18ᵉ • M° Marcadet-Poissonniers • Tél. 01 73 71 01 60
Ouvert du lundi au samedi de 11h30 à 16h et de 18h30 à 23h

Supra
17, rue Jouye-Rouve, 20ᵉ • M° Pyrénées • Tél. 07 49 43 50 27
Facebook : supracave

Épicerie du Faubourg

TURQUIE

• À l'**Anatolia Village**, cantine qui fait qui fait fi des tensions politiques et feu de tout bois, Suleyman et Ergun régalent de spécialités turques mais aussi kurdes et anatoliennes une tripotée d'habitués. Dans la cheminée grillent les *edene* (brochettes d'agneau haché pimenté) et les *kezeb* (brochettes de foie d'agneau) et du four sortent les *pides*, sortes de pizza du cru en forme de fuseau dégoulinantes de fromage. Pas question de vous jeter dehors sans sucre : fondez pour le *künefe*, sorte de baklava, aux cheveux d'ange, enrichi de fromage, beurre et pistaches.

• La portion du 10e arrondissement coincée entre les rues du Faubourg-Saint-Denis, d'Enghien, d'Hauteville et de l'Échiquier correspond à la Little Istanbul parisienne. Turcs, Kurdes et Chypriotes s'y sont installés depuis les années 1960. Pour vous sentir comme un vrai Stambouliote au cœur de ce rectangle oriental, une visite à l'**Épicerie du Faubourg** s'impose. Confiture de rose, de citron ou de figues, ayran en pack, Yeni Raki... Puis achetez un pain pita doré à souhait, des *simit* (anneaux au sésame) ou un lavash fourré au fromage.

Kibélé

• Au rez-de-chaussée, entre poutres apparentes, tableaux et pierres grattées, le **Kibélé** propose une cuisine d'Anatolie simple mais soignée : tarama, houmous, brochettes d'agneau servies avec une purée d'aubergines, grillades de poulpe (menu à 11,50 € au déjeuner)... Et dans la petite cave voûtée, c'est café-théâtre avec des musiciens, comédiens et comiques (turcs ou pas).

Anatolia Village
74, rue du Château-d'Eau, 10e • M° Strasbourg-Saint-Denis
Tél. 09 84 12 63 68 • Ouvert du lundi au samedi de 12h à minuit

Épicerie du Faubourg
22, rue du Faubourg-Saint-Denis, 10e • M° Strasbourg-Saint-Denis
Tél. 01 47 70 71 42 • Facebook : anatoliaparis • Ouvert tous les jours de 12h à 1h

Kibélé
12, rue de l'Échiquier, 10e • M° Bonne-Nouvelle • Tél. 06 16 26 17 24
lekibele.fr • Ouvert du lundi au samedi midi et soir, et le dimanche soir

AMÉRIQUE DU SUD

48 Argentine
50 Colombie
52 Cuba
54 Pérou
56 Mexique
58 Chili
60 Brésil
62 Antilles

La Casa del Tango

ARGENTINE

• Comment ne pas penser tango, sensuelles improvisations collées-serrées, langoureuses syncopes du bandonéon, grincements complices du plancher vernis ? Il suffit de pousser la porte blanche de **La Casa del Tango** douillettement postée dans une allée piétonne du 19e pour retrouver tout ça, et plus encore. La piste se peuple chaque mardi de 16h à 19h pour le bal, mais attention, les danseurs sont loin d'être des débutants ! Heureusement, vous pouvez prendre des cours juste après (19h-22h) ou acheter les chaussures qui vont bien afin de vous mettre au niveau.

• En hommage au Cirque d'Hiver voisin, ce bistrot argentin tout en pierre grattée, piloté par le chef Fernando de Tomaso, a pris le nom de **Biondi**, sorte de Zavatta argentin. Mais dans l'assiette, autant vous dire que ça ne rigole pas ! Sur le gril, on jette le meilleur de la bidoche de la pampa : *bife angosto* fondant, *entraña* ou côte de bœuf à la sauce chimichurri accompagnée de chips de manioc et de purée tout en douceur. Gardez-vous une place pour la *dulce de leche,* la confiture de lait, adorée des Argentins et boostée au crumble de cacao. Environ 40 € par tête.

Biondi

• Tel le gaucho au retour de la chasse, vous voulez vous aussi rapporter chez vous une délicieuse viande des antipodes, de la barbaque de compet' ? Direction **Carnar,** qui importe ses *bife de lomo* et autres *bife de chorizo* directement de là-bas. N'oubliez pas le charbon du pays à combustion lente pour compléter votre barbecue. Vous trouverez aussi tout pour préparer votre sauce chimichurri, vos *empañadas* (des petits chaussons fourrés) et, bien sûr, des bouteilles de malbec, le rouge du cru charpenté comme un déménageur de pianos.

La Casa del Tango
11, allée Darius-Milhaud, 19e • M° Ourcq • Tél. 01 40 40 73 60
lacasadeltango.net • Ouvert le mardi et du jeudi au samedi

Biondi
118, rue Amelot, 11e • M° Filles-du-Calvaire • Tél. 01 47 00 90 18
biondi-restaurant.fr • Ouvert du lundi au samedi midi et soir

Carnar
23, rue de la Comète, 7e • M° La Tour-Maubourg • Tél. 01 47 05 96 61
carnar.fr • Ouvert du lundi au samedi de 10h à 13h et de 14h à 18h

El Juanchito

COLOMBIE

• Sans crier gare, l'extrémité orientale de la rue du Chemin-Vert chatouillant le Père-Lachaise est devenue un petit Medellín parisien ! Et c'est à la dynastie Bustillos qu'on le doit. La cantine *muy típica* **El Juanchito** est l'incontournable rendez-vous des expatriés colombiens qui veulent retrouver (un peu) le goût du pays. Entre draperies, cumbia et familles colombiennes, on se régale de plats traditionnels proposés par Jorge, le patron volubile : *chicharrón* (poitrine de porc croustillante) accompagné de banane plantain, *empañada* (chausson fourré), énorme galette de maïs à la viande de bœuf et jus de fruits inconnus, comme ce verre de maracuyá (une sorte de grenade) !

• Voisine du Juanchito, arborant les mêmes couleurs nationales (et gérée par les mêmes propriétaires), la **Cafétéria El Juanchito** complète l'offre colombienne du quartier. Ici on picore des *piquetes,* sortes de tapas aussi exotiques que délicieuses, comme l'*aborrajado,* un beignet banane et fromage, ou l'*arepa de choclo con queso,* des sandwichs de pancakes au maïs au fromage. On trouve également quelques produits typiquement colombiens pour la maison, tels que la confiture de goyave, des sucettes Bon Bon Bum ou de la *panela* (pain de canne à sucre). Et, évidemment, du (très) bon café.

Mi Ranchito Paisa

• Dans un pimpant décor d'hacienda vert et rouge qui fleure bon les ranchs des plaines des Llanos, **Mi Ranchito Paisa** propose de solides assiettes aux cow-boys du quotidien. Après une pantagruélique *bandeja paisa* aux haricots rouges, galette de maïs, poitrine frite, œuf et avocat ou, pour un duo de carnassiers, un assortiment de *picadas* (chorizo, travers de porc, bœuf haché, poulet accompagné de chips de bananes plantains), vous devriez pouvoir tout affronter... ou aller faire un petite *siesta*. Environ 25 € par personne.

El Juanchito
69, rue de la Folie-Régnault, 11e • M° Père-Lachaise • Tél. 06 19 88 91 22
Ouvert du mardi au vendredi midi et soir, samedi et dimanche de midi à minuit

Cafétéria El Juanchito
69, rue de la Folie-Régnault, 11e • M° Père-Lachaise • Tél. 06 19 88 91 22
juanchito.net • Ouvert du lundi au samedi de 8h à 20h, le dimanche de 9h à 19h

Mi Ranchito Paisa
35, rue de Montholon, 9e • M° Cadet • Tél. 01 48 78 45 94
miranchitopaisa.fr • Ouvert du lundi au vendredi midi et soir, samedi et dimanche de midi à 23h

Cubana Café

CUBA

• Bien sûr, il y a les imparables mojitos, les pubs Havana Club (prononcez "habana cloube" comme là-bas), les slogans révolutionnaires aux murs et les soirées *caliente* où les couples chaloupent sur des rythmes latino jusqu'à l'aube. Mais ce qui fait vraiment du **Cubana Café** l'ambassade ardente de La Havane à Paris reste son fumoir. En sous-sol, les amateurs de volutes de Romeo y Julieta gros comme un bras d'enfant peuvent s'en donner à poumon joie, bien calés dans des fauteuils en cuir caramel. À noter : le restaurant propose aussi de solides spécialités cubaines, tel le *picadillo a la habanera,* un genre de hachis de bœuf (alors qu'il est interdit aux Cubains de tuer un bœuf sur l'île depuis 1962 !).

• La cheffe Marisela Delis Molina bouscule les certitudes : non, la cuisine cubaine n'est pas là pour faire de la figuration entre un verre de mojito et un air de salsa. Dans son **Bonito y Sabroso** ("beau et savoureux" dans la langue de Compay Segundo), petite adresse colorée du Quartier latin (logique...), elle envoie des plats de son île natale, inédits chez nous : *lomo ahumado* accompagné de riz noir, manioc et bananes plantains, *mariscada cubana,* cocktail de fruits de mer bien relevé, ou un filet de crocodile aux épices. En digestif, un verre de rhum Santiago de Cuba pour finir le voyage. Environ 35 € par personne.

La Pachanga

• Tous les soirs (et le week-end jusque tard), le vaste plancher de **La Pachanga** grince sous les passes des amateurs de toutes les danses latines. La salsa cubaine se taille la part du lion (du mardi au jeudi et le samedi) avec des cours dispensés par des pros de cette danse longtemps boudée par les Cubains, car venue du Spanish Harlem de New York ! L'ordre est rétabli aujourd'hui et le pays qui a inventé le mambo, le cha-cha-cha ou la pachanga domine les pistes avec sa salsa tonique et sensuelle.

Cubana Café
47, rue Vavin, 6e • M° Vavin • Tél. 01 40 46 80 81 • cubanacafe.com
Ouvert tous les jours de 11h à 4h

Bonito y Sabroso
6, rue Suger, 6e • M° Odéon • Tél. 07 85 17 04 31 •
Facebook : bonitoysabrosoparis • Ouvert du lundi au mercredi de 17h à minuit, du jeudi au samedi jusqu'à 2h

La Pachanga
8, rue Vandamme, 14e • M° Gaîté • Tél. 01 40 47 63 69 • lapachanga.fr
Ouvert le dimanche et du mardi au jeudi de 19h à 2h, vendredi et samedi jusqu'à 5h • Entrée : 12 €, 14 € vendredi et samedi

Mi Peru

PÉROU

• Modeste ambassade d'une cuisine traditionnelle, **Mi Peru** s'impose comme le rendez-vous préféré des expat' péruviens à Paris. Musique andine, discussions en espagnol, odeurs de grillades : on se croirait à Lima en plein 12e ! Oubliez le cadre sans grand charme pour vous concentrer sur d'impeccables assiettes voyageuses : *chupe de camarones* (exquise soupe de gambas épicées), brochettes de cœur de bœuf et maïs péruvien, ceviche de cabillaud... Attention, il faut absolument penser à réserver le soir. Environ 25 € par personne.

• Déclaré patrimoine culturel par les autorités péruviennes, le pisco, bien plus qu'une eau-de-vie de raisin, est devenu un véritable emblème national (dont la paternité est – sacrilège ! – disputée par le Chili voisin). Tel le colibri (*picaflor* en espagnol), venez-en butiner les différentes recettes au **Casa Picaflor**, chaleureux mini-bar à cocktails péruviens. Outre le pisco sour, *le* cocktail andin qui va bien, le barman accommode le pisco dans plusieurs recettes futées comme ce pisco punch au sirop d'ananas maison. Pour compléter cet apéro des antipodes, impossible de ne pas picorer de délicieux ceviches (daurade, cabillaud, saumon).

El Inti

• Pour vous téléporter au Pérou, poussez la porte du soleil ! **El Inti** ("le Soleil" en langue quechua), minuscule boutique pleine comme un œuf de condor, offre la plus forte concentration au mètre carré de produits péruviens à Paris. Dans le désordre et sous le regard bienveillant d'un lama (en peluche), on trouve des piments incarnats, des couvertures en laine chamarrées, des bouteilles de pisco, des sachets de maïs, des pots de crème à la bave d'escargot, des disques de flûte de Pan...

Mi Peru
7, rue Rondelet, 12e • M° Reuilly-Diderot • Tél. 01 43 47 35 54 • Ouvert du mardi au samedi de 12h à 15h et de 19h à 21h, le dimanche de 12h à 17h

Casa Picaflor
5, rue Tiquetonne, 2e • M° Étienne-Marcel • Tél. 09 81 77 32 00 • casapicaflor.fr
Ouvert du lundi au samedi midi et soir

El Inti
17, rue de Picardie, 3e • M° Temple • Tél. 01 42 78 25 82
boutique-peruvienne.com • Ouvert du mardi au samedi de 11h à 20h

Tienda Esquipulas

MEXIQUE

• Ana Carrillo écume sans relâche le Mexique et le Guatemala dans leurs moindres recoins pour alimenter sa **Tienda Esquipulas** d'une imparable sélection d'un art populaire modeste, gai et coloré, entre bondieuseries pastel et artisanat chamarré. Sa boutique déborde d'ex-voto en fer blanc, d'icônes mélangeant catcheur aimé et sainte Marie adorée, de marionnettes squelettes (ou *calaveritas*) pour le Día de los Muertos, mais aussi de couvertures colorées, de bijoux, d'écussons à sequin à coudre... Préparez-vous à un déluge kitsch bienfaisant. *¡Muy bien!*

• Le chef Grant Booth possède certes un patronyme américain mais, promis juré, il est né dans l'État du Sonora, et c'est sa Mexicaine de mère qui lui a appris les bonnes recettes du pays. Dans son **Acà Taqueria** au décor moderne garanti sans sombrero, il envoie des plateaux de tacos (au blé ou au maïs) fourrés au bonheur : chorizo maison, porc mariné à l'orange, agneau fondant ou cactus... À arroser d'une *cerveza* de là-bas ou d'une *agua fresca* au tamarin. Avec trois tacos (à 3,50 € ou 5,50 €), vous devriez être calé.

Acà Taqueria

• Il existe des placards plus vastes que cette minuscule **Esquinita,** glissée dans un renfoncement d'une ruelle du 2e arrondissement. Mais de plus dépaysants, certainement pas ! Sur les modestes étagères s'aligne le meilleur des épiceries de Tijuana ou de Tabasco. Des flacons de *salsa verde* Herdez, inédite chez nous, des sachets de haricots noirs, une presse à tortillas, des conserves de tomates vertes, des canettes de jus de goyave… Attention, il n'y a pas de produit frais, mais largement de quoi offrir à vos assiettes un aller simple vers le Mexique.

Tienda Esquipulas
20, rue Houdon, 18e • M° Abbesses • Tél. 01 42 55 64 38 • esquipulas.fr
Du lundi au samedi de 12h à 20h, dimanche de 14h à 19h

Acà Taqueria
48, boulevard de Clichy, 18e • M° Blanche • Tél. 01 88 61 04 05 • acataqueria.fr
Ouvert tous les jours de 11h30 à minuit

La Esquinita
21, rue Notre-Dame-de-Recouvrance, 2e • M° Bonne-Nouvelle
Tél. 06 75 45 C0 84 • la-esquinita.com • Ouvert du lundi au samedi de 15h à 20h

Le Cap Horn

CHILI

• Ce n'est pas vraiment une guerre froide mais plutôt un conflit frais (avec une pointe de citron vert) qui couve entre le Chili et le Pérou au sujet de la paternité du cocktail star, le pisco sour. Au **Cap Horn**, petit bar chilien étroit comme une goélette et aux murs pastel badigeonnés, le doute n'est pas permis : le breuvage est évidemment né à Valparaiso (et ne contient pas de blanc d'œuf). Moyennant 8 €, on le boit dans une ambiance sans chichi en compagnie d'expat' chiliens qui n'ont pas l'embarras du choix en matière de lieux leur rappelant le pays. Il faut y passer un 18 septembre pour une fête nationale en musique !

• Un terroir exceptionnel entre Pacifique et barrière andine, des vignes centenaires épargnées par le phylloxéra, le Chili peut s'enorgueillir d'offrir au monde des vins lumineux et complexes. Cette diversité viticole unique se retrouve en vedette sur la carte du **Tierra del Fuego**, petit restaurant sud-américain coloré. Pour accompagner une bouteille de Vinya L'Hereu ou de Lagar de Bezana (comptez entre 20 et 50 €), le chef propose des plats typiques, simples et sans chichi : *empañadas* au bœuf, *pastel de choclo* (gratin de maïs)...

Poco Loco

• Pierres grattées, collection de chapeaux de centaures des pampas, fresque campagnarde naïve et bande-son latino, **Poco Loco,** petit restaurant chilien, nous emmène sans forcer à Santiago. La cuisine du pays partage beaucoup avec ses voisines d'Argentine ou du Pérou et cette grande famille sud-américaine se retrouve dans des assiettes : gratin de maïs, *chili con carne* (demandez le plus épicé si vous l'osez !), chausson à la viande... Petite carte de vins chiliens. Environ 25 € par personne.

Le Cap Horn
8, rue de Birague, 4e • M° Saint-Paul • Tél. 09 75 39 44 48
Ouvert du mardi au vendredi de 9h à minuit, lundi et samedi de 10h à minuit, le dimanche de 11h à 23h

Tierra del Fuego
4, rue Sainte-Marthe, 10e • M° Goncourt • Tél. 07 81 69 45 26
tierra-del-fuego.eatbu.com • Ouvert du lundi au samedi midi et soir

Poco Loco
35, rue Jacques-Louvel-Tessier, 10e • M° Goncourt • Tél. 01 44 84 72 09
Ouvert du lundi au samedi de 17h à 2h

Gabriela

BRÉSIL

• Le Brésil a apporté à la civilisation le string, la bossa-nova et les telenovelas. La contribution de **Guayapi** au bien-être mondial s'orienterait plutôt vers les super-aliments, ces baies aux noms exotiques qui poussent dans la forêt amazonienne. Bourrés d'antioxydants, ils promettent de faire de vous des centenaires. Poudre de gomphrena pour des nuits tranquilles, tablette d'urucum ou extrait de crajiru pour une peau impeccable, sève de kitul afin de se passer de sucre... Rassurez-vous, les bienfaits de ces plantes ne se font pas aux dépens de l'Amazonie : Claudie Ravel, fondatrice de Guayapi, s'attache à réaliser un commerce éthique et durable avec le peuple Sateré Mawé.

• Bar en tôle ondulée façon favela, plafond dégoulinant de plantes exotiques, fresques de street art et murs de collages, le patron a essayé de résumer tout le Brésil dans son restaurant **Gabriela** et il a presque réussi ! Dans l'assiette, en tout cas, c'est un aller direct pour São Paulo avec des plats qui dansent la capoeira entre la forêt et la côte : dés de tapioca au fromage, *feijoada* (ragoût aux haricots noirs), galettes de manioc... Un coin épicerie vous permet même de repartir avec une bière Antarctica ou de la farine de manioc. Environ 35 € par personne.

Boteca Lapa

• Est-ce la douceur du climat ou la dureté de la vie qui a donné aux Brésiliens, des favelas de Rocinha aux immeubles de luxe dominant Ipanema, ce sens de la fête chevillé au corps ? Difficile de trancher. Au **Boteco Lapa**, bar cosy et chlorophyllé du tranquille 10ᵉ, on se trouve loin de tout ça, mais l'ambiance de feu est bien là ! Une carte de cocktails monomanes de cachaça explore toutes les recettes possibles de caïpirinha, la bossa-nova à fond dans les oreilles. *Tudo bom !*

Guayapi
73, rue de Charenton, 12ᵉ • M° Gare-de-Lyon • Tél. 01 43 46 14 69
guayapi.com • Ouvert du lundi au vendredi de 9h30 à 19h30, le samedi de 10h30 à 19h30

Gabriela
3, rue Milton, 9ᵉ • M° Notre-Dame-de-Lorette • Tél. 01 42 80 28 14
gabriela.fr • Ouvert tous les soirs du mardi au samedi

Boteco Lapa
48, rue de l'Échiquier, 10ᵉ • M° Bonne-Nouvelle
boteco.paris • Ouvert du mardi au mercredi de 18h à minuit, le jeudi jusqu'à 1h, vendredi et samedi jusqu'à 2h

Au Bonheur des Îles

ANTILLES

• Plante contre le diabète, feuille de "ki vivra véra" pour le "ben démaré" du début d'année, philtre d'amour "pou inmé mwen" ou bois bandé (faut-il vraiment une explication ?)... Pierre Bonan, authentique herboriste guadeloupéen, dispense depuis plus de trente ans tout le nécessaire à magie blanche ainsi que ses conseils de vie aux Antillais et Haïtiens du quartier. Le dimanche, c'est l'affluence **Au Bonheur des Îles,** sa petite boutique remplie de bouteilles multicolores, afin de récupérer le produit miracle (importé directement des Caraïbes) après la messe. Deux précautions valent mieux qu'une...

• Si pour vous un restaurant antillais doit forcément arborer nappes en madras, nattes aux murs et peintures naïves, il va falloir réviser ! **Bô,** bar caribéen ouvert par un trio à la pointe (Julia Sedefdjian, Grégory Anelka et Sébastien Jean-Joseph), joue le contre-pied : murs immaculés, bande-son moderno-zouk et mange-debout en bois clair pour engloutir tapas des îles (7 € la portion) : féroce avocat-morue, rougail saucisse, boudin créole... Et pour faire couler tout ça, des cocktails maison inventifs comme ce Bobo (rhum, miel, citron et piment) ou un verre de rhum à choisir dans un casting de 50 références.

Bô

• Aux mauvaises langues qui persiflent que les Antilles ne savent faire que du rhum, la boutique **Christian de Montaguère** oppose une magnifique contradiction avec des chutneys de citron vert, du sirop d'hibiscus, des épices pour le cari, des lotions hydratantes à la banane verte. Reconnaissons qu'il serait assez malhonnête de cacher que la boutique possède aussi la plus grande cave à rhums de France métropolitaine avec des bouteilles de rhum blanc, très vieux ou ambré, importées de l'ensemble des Caraïbes (et du reste du monde).

Au Bonheur des Îles
142, boulevard de la Villette, 19e • M° Colonel-Fabien • Tél. 01 42 01 13 45
Ouvert du lundi au samedi de 9h à 13h et de 14h à 19h30, le dimanche de 9h à 13h30

Bô
8, rue de Poissy, 5e • M° Maubert-Mutualité • Tél. 06 35 40 12 25
bo-caribean-bar.com • Ouvert du mardi au samedi de 17h à 2h

Christian de Montaguère
20, rue de l'Abbé-Grégoire, 6e • M° Saint-Placide • Tél. 09 51 89 40 55
christiandemontaguere.com • Ouvert le lundi de 14h à 19h, du mardi au samedi de 11h à 19h

SPRINKLERS
THROUGHOUT
BUILDING

AMÉRIQUE DU NORD

66 **Québec**
68 **USA côte Est**
70 **USA côte Ouest**

Librairie du Québec

QUÉBEC

• Côté bonnes feuilles, le Québec ne se limite pas à l'érable. Dans la bien nommée **Librairie du Québec,** les vendeurs sont intarissables sur les romans historiques, les essais féministes, les polars, les monographies qui garnissent les étagères. Oui, ils ont lu (presque) tous les livres (et la chair n'est pas triste) ! La sélection se résume assez facilement : tous les ouvrages vendus ont un lien avec la Belle Province. Soit c'est le sujet central du livre, soit l'auteur est québécois. La librairie reçoit en outre régulièrement des écrivains pour des rencontres transatlantiques.

• Enfin un restaurant canadien avec de l'espace ! Occupant près de 250 m^2, **Québecium** est un vaste loft qui, tel un pionnier à toque en castor, a ouvert dans les steppes quasi vierges du nouveau quartier Martin-Luther-King, tout là-bas, aux confins du 17e. La déco oscille entre le joli réfectoire indus à mobilier brocanté et la cabane au Canada, avec une mezzanine lambrissée où trônent une vieille télé et une crosse de hockey. La carte explore toutes les facettes du terroir québécois : poutine (au vrai fromage Saint-Guillaume, 9 €), solide hambourgeois, travers de porc caramélisés au sirop d'érable (16 €), pain doré à la pomme… À agrémenter d'une bière maison. Le coin épicerie permet de repartir avec des produits du cru : confiture de bleuets, sirop d'érable, moutarde au sapin…

Québecium

• "J'suis r'parti sur Québecair, Transworld, Northern, Eastern, Western, pis Pan American", chantait Robert Charlebois. Mais il y a plus simple pour décoller jusqu'au Québec. Il suffit de pousser la porte de **L'Envol**, petit rade tenu par Antoine, pure laine aux manettes depuis plus de vingt ans. Aux murs, des drapeaux québécois, dans les enceintes, des chansons québécoises (Charlebois évidemment, mais pas seulement) et sur le comptoir boisé, des bières canadiennes (des brasseries Charlebois évidemment, mais pas seulement). Après, reste à se laisser porter par la chouette ambiance du lieu, où l'on se sent chez soi loin de chez soi. Comme au Québec, quoi.

Librairie du Québec
30, rue Gay-Lussac, 5e • RER Luxembourg • Tél. 01 43 54 49 02
librairieduquebec.fr • Ouvert du mardi au vendredi de 10h à 19h, le samedi de 12h à 18h

Québecium
4, rue Bernard-Buffet, 17e • M° Brochant • Tél. 01 88 46 88 60 • quebecium.fr
Ouvert du mardi au samedi de 9h à 2h

L'Envol
30, rue Lacépède, 5e • M° Place-Monge • Tél. 01 45 35 53 93
Facebook : envolquebecois • Ouvert du lundi au samedi de 18h à 2h

Schwartz's

USA CÔTE EST

• Plus qu'un bar, une institution, un bout de Manhattan où se retrouvent depuis 1911 cadres du quartier et Américains en goguette ! La famille MacElhone, toujours aux manettes, entretient l'ambiance hors du temps du **Harry's Bar** en conservant pieusement sombres boiseries, vitraux néogothiques, plafond étamé et collection de fanions. Pour vous croire (encore plus) dans la Grosse Pomme, commandez donc au barman en veste blanche un Bloody Mary d'anthologie (il a été inventé ici, dit-on) accompagné d'un impeccable hot-dog. À noter pour les plus mélomanes : le piano-bar du sous-sol propose un supplément d'atmosphère jazzy du lundi au samedi.

• La cuisine des émigrants juifs d'Europe de l'Est fait partie intégrante de l'image (et des goûts) de New York. Chez **Schwartz's,** l'illusion d'entrer dans un *deli* de Brooklyn est parfaite : nappe vichy en toile cirée, briques grattées, pubs émaillées et vitrine de salamis. À la carte, on redécouvre l'Amérique : soupe matzo, *mac & cheese, onion rings* servis dans un petit panier en plastique comme là-bas et, bien sûr, la star de ces lieux, le sandwich au pastrami, bien épais. En sucré, mythique cheesecake ou régressive *pecan pie*. Environ 25 €.

Gagosian

• **Gagosian**, le béhémoth des galeries d'art contemporain mondiales, dont le siège se trouve à New York, possède naturellement une antenne parisienne. Et quelle antenne : un somptueux hôtel particulier de 900 m^2 sur quatre niveaux à un jet de pinceau des Champs-Élysées. Ne manquez pas l'incroyable salle d'exposition sous verrière et 5 mètres de plafond, un écrin à la mesure de œuvres les plus dantesques de quelques stars des XXe et XXIe siècles comme Andy Warhol, Spencer Sweeney ou Cindy Sherman.

Harry's Bar
5, rue Daunou, 2e • M° Opéra • Tél. 01 42 61 71 14 • harrysbar.fr
Ouvert du lundi au samedi de 12h à 2h, le dimanche de 16h à 1h

Schwartz's
6, rue des Écouffes, 4e • M° Saint-Paul • Tél. 01 48 87 31 29 • schwartzsdeli.fr
Ouvert du lundi au vendredi de 12h à 15h et de 19h30 à 23h, samedi et dimanche de 12h à 17h et de 19h à 23h

Gagosian
4, rue de Ponthieu, 8e • M° Champs-Élysées-Clemenceau • Tél. 01 75 00 05 92
gagosian.com • Ouvert du mardi au samedi de 10h30 à 18h30

Echo

USA CÔTE OUEST

• Chez **Harpo**, on n'oublie pas que les grandes plaines de l'Ouest américain furent, pendant des millénaires, bien avant de représenter le terrain de jeu des cow-boys, le territoire des Navajos, des Apaches, des Cheyennes... Cette boutique toute blanche est un hommage respectueux à la culture de ces "natifs américains" où vous pourrez dénicher des bijoux en argent et turquoise (dont la couleur varie selon la teneur en cuivre), des coiffes rituelles, des couvertures en laine, des tambourins de cérémonie ou des haches de guerre (à enterrer ou à déterrer selon l'ambiance).

• Avouons que Paris manque un peu de palmiers, de surfeurs et de jetées sur le Pacifique pour se confondre complètement avec Santa Monica. Heureusement, **Echo** est là pour remonter le niveau ! La carte de cette lumineuse cantine bois et céramique a été élaborée par Mailea Weger, exfiltrée de Gjelina, la table *so hype* de Venice Beach. Du matin au goûter, on s'y régale de plats pleins de saveurs qui cochent toutes les cases du loto *healthy* : *avocado toast,* yaourt maison au lait de coco, muffin au chorizo mexicain ou bento au saumon gravlax.

FAT Bar

• Un rap *west coast* à la basse lourde comme un soir de canicule à Compton inonde l'espace, toute la salle à casquette bouge la tête en rythme pour montrer son approbation. Un rade de LA ? Non, le **FAT Bar,** un ovni en plein Marais qui allie pierre de taille, fresque street art et amour du hip-hop pour une population agréablement mélangée. Au sous-sol, une petite piste de danse voûtée permet de se dégourdir les baskets trois bandes. Afin de se remettre de ses efforts, on peut y manger des classiques US : poulet et gaufre ou hot-dog. En revanche, la Chevrolet décapotable pour repartir n'est pas fournie.

Harpo
19, rue de Turbigo, 2e • M° Étienne-Marcel • Tél. 01 40 26 10 03
harpo-paris.com • Ouvert du lundi au vendredi de 9h à 18h45, le samedi de 11h à 18h45

Echo
95, rue d'Aboukir, 2e • M° Sentier • Tél. 01 40 26 53 21 • echo-paris.com
Ouvert du lundi au vendredi de 9h à 16h, samedi et dimanche de 10h à 17h, et du mercredi au dimanche de 19h à 22h

FAT Bar
8, rue de Beauce, 3e • M° Temple • Tél. 01 83 87 99 14 • fat.paris
Ouvert mardi et mercredi de 18h à minuit, du jeudi au samedi jusqu'à 2h

ASIE & OCÉANIE

74 Japon
76 Chine
78 Indonésie
80 Australie
82 Corée du Sud
84 Inde-Sri Lanka
86 Pakistan
88 Tibet
90 Thaïlande
92 Vietnam

Stand Tora

JAPON

• Parler auteurs de mangas, distillation de la patate douce ou fermentation du kombucha, voilà le genre de discussion typiquement nippone qu'on ne peut avoir qu'accoudé au comptoir en bois blond du **Stand Tora**, ce bar grand comme un placard mais immensément japonais. Sur la lourde platine vinyle tourne un Coltrane aérien. Dans les verres, Akiko Suganuma, ex-chimiste, sert des coupettes d'une sélection impériale de sakés (10 €) ou de whiskies de l'archipel (de 26 à… 205 € la dose). Le dépaysement de cet apéro extrême-oriental s'accentue encore avec les petites tapas très curieuses pour nos papilles : *onigiri* (triangle de riz) à la prune (3 €) ou bol de légumes aux œufs de cabillaud mentaïko (5 €).

• Ça flambe, ça fume, ça saute ! Chez **Higuma**, le spectacle se déguste attablé au large comptoir en mélaminé, usé par les innombrables coudes des *salarymen* en pause déjeuner. Vous profitez d'un panorama imprenable sur les cuistots s'activant autour de woks grésillants et de marmites glouglougloutantes. Ici, nul poisson cru à l'horizon. On se délecte de street food nippone minute : bol de riz avec porc sauté et calamars (*chukadon*, 8,50 €), bouillon fumant aux nouilles et à la viande (ramen, 8,50 €), sans oublier les raviolis sautés à la viande (gyozas).

Higuma

• Depuis 1989, **Kioko** assure la survie des Japonais expatriés qui se désolent de ne pas retrouver à Paris les *combinis,* ces petites épiceries ouvertes 24h/24 à chaque coin de rue. Dans les rayons répartis sur deux étages, vous trouverez d'innombrables flacons de sauce (soja, *tsuyu, ponzu*...), des stères de nouilles pour ramen ou soba, mais aussi des champignons, des légumes, des sodas, des sakés... Bref, tout pour mettre de l'exotisme dans vos futures recettes !

Stand Tora
6, rue de la Sourdière, 1er • M° Tuileries • Tél. 01 40 13 04 25 • kunitoraya.com
Ouvert du mardi au vendredi de 12h à 14h et de 18h à 1h, le samedi de 18 h à 1h

Higuma
32 bis, rue Sainte-Anne, 1er • M° Pyramides • Tél. 01 47 03 38 59 • higuma.fr
Ouvert tous les jours de 11h30 à 22h

Kioko
46, rue des Petits-Champs, 2e • M° Pyramides • Tél. 01 42 61 33 65 • kioko.fr
Ouvert du mardi au dimanche de 10h à 18h

Dao

CHINE

• Dans le (très) vaste paysage culinaire chinois, la cuisine cantonaise se caractérise par sa grande douceur où le sucré-salé prédomine. À la carte bottin de **Mirama,** cantine postée soigneusement à l'écart des diverses *chinatowns* parisiennes, on trouve toutes les recettes "chinoises" habituelles (genre porc aigre-doux). Mais il est préférable de commander la spécialité du chef : le canard laqué à la cantonaise – servi sans les crêpes de la version pékinoise –, juteux, parfumé et croustillant (15,50 €). À tester aussi, la soupe *wonton* et ses dodus raviolis (12 €).

• Dans la multitude des adresses à dragons dorés et cartes interchangeables, **Dao,** du chef Liu Gaojin, adoubé grand maître en cuisine chinoise, sort clairement du lot. Tableaux contemporains accrochés aux murs blancs, ambiance moderniste et recettes (plus ou moins) pimentées venues de Shanghai et du Sichuan. Osez l'assortiment explosif d'abats (Mo Fan Fu Qi Fei Pian) et, à plusieurs, allez pêcher dans la maousse soupe épicée du bar et soja vert (Shui Zhu Yu). Pour parfaire le dépaysement, direction le karaoké noir et néon du sous-sol !

Centre Teochew de méditation bouddhique

• Le **Centre Teochew de méditation bouddhique** offre une belle surprise à ceux qui auront fait l'effort de le dénicher sur la dalle des Olympiades (au bout de la galerie commerciale) et d'enlever leurs chaussures. Épais tapis, bouddha doré, brochette de statues colorées grandeur nature des "gardiens de la loi", murs d'idéogrammes votifs, odeur d'encens... On se sent loin ! Demandez la brochure pour comprendre le symbolisme hermétique de toutes les divinités. Cette salle de prière a été ouverte par les Teochew, communauté chinoise de la province du Guangdong émigrée au Laos, au Cambodge et au Vietnam, arrivée en France dans les années 1970.

Mirama
17, rue Saint-Jacques, 5e • M° Cluny-La Sorbonne • Tél. 01 43 54 71 77
mirama.fr • Ouvert tous les jours de 12h à 22h30

Dao
55, boulevard Saint-Marcel, 13e • M° Les Gobelins • Tél. 09 81 49 68 06
restaurant-dao.fr • Ouvert le lundi et du jeudi au dimanche de 12h à 14h et de 19h à 23h, mardi et mercredi de 19h à 23h

Centre Teochew de méditation bouddhique
Centre commercial Oslo : 44, avenue d'Ivry, 13e • M° Olympiades
Tél. 01 45 82 06 01 • Ouvert tous les jours de 9h à 17h30

INDONÉSIE

• En indonésien, “raffinement” se dit *perbaikan*. **Djakarta Bali** s’impose donc comme une adresse particulièrement *perbaikan* avec ses lourds drapés, ses murs en pierre de lave et son mobilier en bois exotique. Les assiettes se montrent à la hauteur du décor. Le menu découverte Rijsttafel Bandung arpente à coups de succulentes portions la gastronomie de l’immense archipel : brochette de poulet satay (à la cacahuète), bœuf mijoté à la sauce coco, salade aigre-douce, noix de coco torréfiée. Et le vendredi soir, Nin Hanafi, le propriétaire, propose un spectacle de danse traditionnelle balinaise. Ça, c’est du *perubahan* (changement) ! Environ 40 € par personne.

• Outre une cuisine tout en subtilité, l’Indonésie (et Bali en particulier) est aussi connue dans le monde pour ses techniques ancestrales de massage relaxant. Ça tombe bien, **Mamabali** marie les deux à la même adresse. Côté spa, dans un chaleureux décor de palme tressée, vous pouvez vous abandonner durant 30 minutes aux mains expertes d’un masseur formé à Bali (50 €). Une fois vos méridiens énergétiques bien réalignés, direction

Artisanat balinais

le joli restaurant pour vous remplir le chakra de l'estomac avec des plats typiques impeccablement réalisés, à l'image de ce poulet cuit dans une feuille de bananier.

• Bien que Bali soit l'exception hindouiste au sein d'une Indonésie musulmane, le bouddhisme s'y montre minoritaire mais très actif. Dans la boutique **Artisanat Balinais** regorgeant de bibelots, on trouve ainsi quantité de bouddhas de toutes tailles, vert-de-gris ou dorés, pour apporter un supplément de sagesse orientale à votre intérieur. Mais aussi des statues d'éléphant, des bijoux en argent ou de curieuses marionnettes indonésiennes (tiens, une Wonderwoman !).

Djakarta Bali
9, rue Vauvilliers, 1er • M° Les Halles • Tél. 01 45 08 83 11 • djakarta-bali.com
Ouvert du mercredi au dimanche de 12h à 14h et du mardi au dimanche de 18h30 à 22h, vendredi et samedi jusqu'à 22h30

Mamabali
2, rue Brunel, 17e • M° Argentine • Tél. 01 58 57 75 75 • mamabali-spa.com
Ouvert tous les jours de 11h à 23h

Artisanat Balinais
79, rue du Chemin-Vert, 11e • M° Saint-Ambroise

Hardware Société

AUSTRALIE

• Outre ses kangourous et ses ranchs de 6 000 hectares, l'Australie est aussi connue mondialement pour ses brunchs. Au **Hardware Société,** joli café accroché à la face orientale de la butte Montmartre (deux autres adresses plus centrales existent mais… à Melbourne), on propose donc des petits déjeuners de compétition et en service continu avec une spécialité : l'œuf. Celui-ci s'affiche cuit à basse température et servi fondant façon Bénédicte avec du homard (20 €), frit avec de la poitrine de porc ou incorporé dans un démoniaque pain perdu au caramel…

• Linda Syddick Napaltjarri, Helicopter Tjungurrayi ou Bill Whisky Tjapaltjarri, il y a de fortes chances que ces noms chantants ne vous disent pas grand-chose. Ce sont pourtant des représentants majeurs de l'art des natifs d'Australie. Nicolas Andrin a sillonné les déserts infinis du pays-continent et expose dans son **Aborigène Galerie** les œuvres uniques de ces artistes (et bien d'autres). Pointillisme sacré, mandala ocre et rouge… Des peintures oniriques et fascinantes plongeant dans le sacré immémorial de leur terre natale.

Aborigène Galerie

• La cuisine australienne existe, Alexis Braconnier l'a rencontrée. Le pétaradant candidat de "Top Chef", passionné d'Australie, a ouvert **Aussi(e),** un élégant bistrot bleu gris et boisé. Dans les assiettes en faïence ancienne, une gastronomie des antipodes fouettée à l'inventivité hexagonale : steak de kangourou, laksa de crevettes blue tiger du Pacifique, *meat pie* et crumble aux tomates cerises... Le week-end, réconfortant brunch avec l'inévitable *avocado toast* (qui a été inventé, rappelons-le, à Sydney en 1993) !

Hardware Société
10, rue Lamarck, 18e • M° Château-Rouge • Tél. 01 42 51 69 03 • Ouvert le lundi et du jeudi au vendredi de 9h30 à 15h30, samedi et dimanche de 9h30 à 16h

Aborigène Galerie
46, rue de Seine, 6e • M° Saint-Germain-des-Prés • Tél. 09 81 07 86 22
aborigene.fr • Ouvert du lundi au samedi de 11h à 19h

Aussi(e)
4 bis, rue Neuve-Popincourt, 11e • M° Parmentier • Tél. 09 50 05 77 83
Facebook : Restaurantaussie • Ouvert le mardi de 18h30 à 23h, du mercredi au samedi de 11h30 à 14h et de 18h30 à 23h, le dimanche de 11h30 à 14h30

Soon Grill

CORÉE DU SUD

• S'installer, en bande ou en famille, autour d'une table percée d'un gril et y déposer ses viandes pour les cuire... Le barbecue est une institution en Corée. Dans la salle zen de **Soon Grill** attifée comme un restaurant gastronomique (pierre grattée, suspension céramique, vaisselle épurée), le chef Sung-Hak Han l'importe en une version luxueuse. On peut ainsi jeter au feu une entrecôte d'Aubrac (25 €), un faux-filet de Simmental (37 €) ou un luxueux bœuf de Kobé (180 € !). Que les moins carnassiers se rassurent, ils peuvent se rabattre sur le menu coréen tradi (excellent). Comptez 50 € par personne.

• La façade taupe minimaliste cache bien le joyeux bazar qui règne chez **Ace Mart** (bien que les spécialistes soulignent que c'est très bien rangé par rapport au chaos des épiceries séoulites...), avec des rayonnages chatoyants de nouilles instantanées pour *ramyeon* (version coréenne du ramen), de nécessaires à kimchi, de sauces pimentées, de sacs de riz de 9,07 kg, mais aussi de produits frais comme des champignons enoki pour le *bibimbap*.

Bekseju Village

• Briques sombres au sol, lampions en tissu, élégantes céramiques… **Bekseju Village** se la joue cantine séoulite (on dit *sul jip* là-bas) feutrée et design pour une cuisine coréenne populaire mais alerte. Banchans (kimchi, croquettes de poulet, algues marinées) en amuse-bouche suivis d'un impec *bibimbap* ou d'un plus dépaysant *japchae* où de grosses nouilles de patates douces partagent le bol avec un bœuf au soja. À arroser d'un verre de bekseju, vin de riz et d'herbes local. Environ 20 €.

Soon Grill
78, rue des Tournelles, 3e • M° Chemin-Vert • Tél. 01 42 77 13 56
soon-grill.com • Ouvert tous les jours midi et soir

Ace Mart
63, rue Sainte-Anne, 2e • M° Pyramides • Tél. 01 42 97 56 80
acemartmall.com • Ouvert tous les jours de 10h à 21h

Bekseju Village
53, boulevard Saint-Marcel, 13e • M° Les Gobelins • Tél. 01 77 11 24 37
beksejuvillagefrance.com • Ouvert du mercredi au samedi midi, le soir en fin de semaine

Temple de Ganesh

INDE-SRI LANKA

• La rue Cail se trouve au cœur de l'enclave sri-lankaise de La Chapelle, créée dans les années 1980 par les Tamouls fuyant le conflit avec les Cinghalais bouddhistes. Dans ce Little Jaffna (la capitale culturelle tamoule) bruissant où les épiceries exotiques sont à touche-touche avec les tailleurs de sari et les bijoutiers un peu bling, **Krishna Bhavan** propose une des meilleures cuisines indiennes, 100 % végétarienne. Dans une salle très (trop ?) colorée, on se régale d'une inoxydable formule midi (15 €) avec samossa croustillant et trois pétaradants currys de légumes à saucer avec un *paratha* (pain sans levain). Palette gustative à compléter avec un étrange lassi à la rose.

• Fondé en 1985 par des Sri-Lankais fraîchement arrivés, le Sri Manicka Vinayakar Alayam (plus connu chez nous comme le **temple de Ganesh**) est le plus ancien et le plus actif des temples hindous de Paris. Il est ouvert à tous les visiteurs qui peuvent déambuler avec respect (et sans chaussures) au milieu des odeurs d'encens et des autels dédiés, entre autres, au dieu éléphant du savoir. Lors des cérémonies du week-end, cette petite salle carrelée, inaugurée en 2010, déborde de fidèles et de ferveur. Et le

premier week-end de septembre a lieu la formidable fête de Ganesh, à l'occasion de laquelle des chars paradent dans le quartier, suivis par une foule impressionnante.

• Un bazar comme à Bombay ! À l'**Indian Super Market,** les étagères croulent sous les sacs de lentilles corail ou de riz basmati, les boîtes d'épices, les flacons de curry ou de tandoori et les drôles de végétaux (noix de jacquier, sapotille, margose...). Mais on trouve aussi des saris, des turbans, des statuettes de divinité, des colliers de fleurs. Bref, de quoi transformer votre maison en annexe d'un palais de maharaja (ok, on exagère un peu).

Krishna Bhavan
24, rue Cail, 10e • M° La Chapelle • Tél. 01 42 05 78 43 • Ouvert tous les jours de 12h à 23h

Temple de Ganesh
17, rue Pajol, 18e • M° Marx-Dormoy • Tél. 01 40 34 21 89 • templeganesh.fr
Ouvert tous les jours de 8h30 à 20h

Indian Super Market
191, rue du Faubourg-Saint-Denis, 10e • M° La Chapelle • Tél. 01 40 35 44 41
Ouvert du lundi au samedi de 10h à 20h30

Velan

PAKISTAN

• Le passage Brady fleure bon la cardamome et le curry depuis que les émigrés pakistanais s'y sont installés dans les années 1970. Chez **Velan,** boutique aussi colorée qu'un plateau de Bollywood, vous trouverez tout ce que vous pouvez imaginer pour donner des saveurs indo-pakistanaises à votre maison : innombrables encens pour le salon, épices, chutneys et herbes pour la cuisine, thés (pour le thé !), soins pour le corps (dont un curieux dentifrice ayurvédique au margousier)... L'ensemble accompagné d'étiquettes expliquant le mode d'utilisation des produits.

• Rares sont les restaurants qui osent afficher crânement "pakistanais" sur leur devanture : ils préfèrent un "indo-pakistanais" plus rassurant pour le public. Pas **Faisal,** petite gargote comme à Islamabad avec, côté salé, une assiette de poulet au curry ou biryani hallal pour 6 € à manger sous les néons. Le sucré se vend à la porte d'à côté, avec une vitrine de pâtisseries typiques telles que le *laddu* à la farine de pois chiche ou le *jalebi,* beignet orange en spirale. Diabétiques, passez votre chemin.

Kashmir House

• L'Inde et le Pakistan, frères ennemis politiques, se déchirent sur la question du Cachemire depuis soixante ans. Gastronomiquement, **Kashmir House** joue cependant la réconciliation ! Dans un cadre cossu (bois sculptés, chaises tapissées et murs taupe), le chef propose des classiques de leurs cuisines (bien malin qui saura les différencier) impeccablement réalisés : poulet tandoori, curry d'agneau aux amandes, poulet tikka massala... Le week-end, un musicien vient jouer des mélopées du pays pour un dépaysement au taquet.

Velan
87, passage Brady, 10e • M° Château-d'Eau • Tél. 01 42 46 06 06 • e-velan.com
Ouvert du lundi au samedi de 10h à 20h30

Faisal
9, rue Jarry, 10e • M° Château-d'Eau • Tél. 01 48 24 98 73 • Ouvert du lundi au samedi de 11h à 21h30

Kashmir House
36, rue de Chabrol, 10e • M° Poissonnière • Tél. 01 40 22 00 89 • Ouvert tous les jours, midi et soir

Temple Kagyu-Dzong

TIBET

• À deux pas (de yéti) du lac Daumesnil, en plein bois de Vincennes, se trouve l'épicentre parisien du bouddhisme. À côté du plus grand bouddha d'Europe se dresse le **temple Kagyu-Dzong**, bâti en 1985 dans le plus parfait respect de la symbolique sacrée avec les quatre piliers rouge vif striés d'or symbolisant les quatre nobles vérités de Bouddha et la roue du Nirvana à huit rayons. Ce temple tout en recueillement et odeur d'encens s'anime durant les fêtes tibétaines : nouvel an en février ou mars, triple anniversaire de Bouddha en mai et festival culturel du Tibet en septembre.

• Cela fait plus de vingt-cinq ans que **La Route du Tibet** importe depuis le toit du monde une élégante sélection d'objets réalisés par des coopératives d'artisans. On y trouve des pashminas multicolores, des pulls en soie, des vestes matelassées cousues main, des lainages, mais aussi des bijoux en argent, des bols chantants ou un bouddha alangui. Attention, ici, il n'y a que des vêtements féminins. À l'instar de l'Everest, les prix de ces produits de grande qualité montent très haut (plus de 100 €).

La Route du Tibet

• Le **Bar à Momos** annonce la couleur dès le seuil de cette petite cantine décorée de portraits du dalaï-lama et de mandalas peints. Le *momo* est une spécialité tibétaine. On se régale donc de ces gros raviolis juteux garnis d'une farce porc-ciboulette, bœuf ou épinards-fromage, réalisés minute par le chef dans sa mini-cuisine ouverte. La formule midi à 12 € comprend également une solide soupe d'altitude au maïs et à la coriandre.

Temple Kagyu-Dzong
40, route circulaire du lac Daumesnil, 12e • M° Porte-Dorée • Tél. 01 40 04 98 06
kagyu-dzong.fr

La Route du Tibet
198, rue Saint-Jacques, 5e • RER Luxembourg • Tél. 01 43 54 37 00
laroutedutibet.fr • Ouvert du lundi au samedi de 10h30 à 19h30

Bar à Momos
218, rue du Faubourg-Saint-Antoine, 12e • M° Faidherbe-Chaligny
Tél. 01 43 72 89 82 • baramomos.fr • Ouvert du lundi au samedi de 12h à 15h
et de 19h à 22h30

Thaï Shop

THAÏLANDE

• Au milieu des Goliath de la grande distribution sino-vietnamienne, comme Tang ou Paris Store qui règnent sur le 13e, **Thaï Shop,** aussi vaste qu'un panier vapeur, apparaît tel un David de l'épicerie. Pourtant, cette boutique mérite une petite visite tant elle a fait sa niche en se consacrant aux produits thaïlandais qu'on ne retrouve pas forcément sur les étagères de la concurrence. Si la boutique se montre trop juste pour les produits frais, le chaland pourra se rattraper sur les boîtes et sachets exotiques divers et variés : chipsters au riz, conserves de maquereaux, nombreuses poudres d'épices pour les currys et les bouillons. On y dégotte aussi des t-shirts de boxe thaï, des buddhas et des bols de cérémonie colorés...

• En Occident, le massage thaïlandais trimballe une connotation érotique assez pesante, totalement en décalage avec la pratique locale, où il passe pour un moyen largement répandu de se détendre, qu'on soit homme, femme, jeune ou vieux. On retrouve cette ambiance populaire chez **Ban Sabaï,** joli salon sans chichi possédant une vingtaine de cabines (d'une propreté parfaite) et autant de masseuses. On peut y bénéficier de tout un éventail de soins, du massage traditionnel au travers d'un pyjama en coton jusqu'aux massages aux huiles exotiques. Simplement relaxant.

Bien Bien

• Voilà une affaire de famille qui carbure depuis 1988 ! Chez **Bien Bien,** la maman s'occupe de l'accueil, le fiston sert en salle et l'oncle a refilé la recette du superbe flan de daurade au curry rouge *(hor mok).* Ici, tout est frais et maison : classique *pad thaï* ou régressif poulet frit sauce aigre-douce. Les amateurs d'épices peuvent se mettre le feu au palais avec le tofu au curry vert ou une recette maison de ceviche de crevettes marinées à la citronnelle, citron vert et piment frais. Environ 25 € par personne. Une deuxième salle a ouvert à un numéro de là.

Thaï Shop
86, rue Baudricourt, 13e • M° Tolbiac • Tél. 01 44 23 72 55 • Ouvert du mardi au dimanche de 10h30 à 19h30

Ban Sabaï
12, rue de Lesdiguières, 4e • M° Bastille • Tél. 01 42 71 37 10
bansabai.fr • Ouvert tous les jours de 10h à 21h

Bien Bien
30 bis, rue Bergère, 9e • M° Grands-Boulevards • Tél. 01 48 24 14 42
Facebook : thaibienbien • Ouvert du lundi au vendredi de 12h à 14h et de 19h à 22h

Bambou

VIETNAM

• On balance banco : **Le Bambou** déboule comme une bête de bon boui-boui. On oublie la bienvenue du cerbère plutôt bancale, limite aboiement, quand s'aboulent avec brio des bols de bonhomme : bobun vraiment brillant, pho au bouillon *badass* ou, plus bizarre, Bun Thit Bi Nem Chua à la saucisse acidulée. À becqueter à toute berzingue comme dans une cambuse de Biên Hòa ! Bambou, c'est pas bidon !

• Pour trouver une épicerie 100 % vietnamienne, il faut curieusement s'éloigner de tous les quartiers d'immigration asiatique (13e, 19e, 3e) et flâner dans le chic 5e. Là, quasi sur la place Maubert, **Thanh Binh Jeune,** antenne parisienne de la maison mère d'import-export basée à Ivry (depuis 1986 !), propose des étals dignes d'un marché de Hanoï : sachets de beignets de patates douces pour l'apéritif, bouillon pour *bun bo hue,* vermicelles d'escargot ou soupe pho, sauce au gingembre, bœuf séché... On y trouve aussi des fruits et légumes importés.

Thanh Binh Jeune

• L'auvent jaune de **Khai Tri** annonce une double spécialité assez curieuse : sandwicherie et librairie. Dans cette étroite échoppe, on peut donc se sustenter avec des *banh mi,* cette version vietnamienne du sandwich à la baguette garnie de carottes au vinaigre, coriandre et pâté de porc, rôti de porc ou mortadelle vietnamienne (3,50 € !). Un délice typique de la cuisine de rue d'Hô Chi Minh-Ville à faire couler avec une version maison du *bubble tea.* Sur les étagères, la nourriture se fait plus spirituelle : romans d'aventure, livres de recettes, albums pour enfants. Il faut néanmoins savoir lire le vietnamien...

Le Bambou
70, rue Baudricourt, 13e • M° Tolbiac • Tél. 01 45 70 91 75 • le-bambou.com
Ouvert du mardi au dimanche de 11h30 à 15h30 et de 18h30 à 22h30

Thanh Binh Jeune
18, rue Lagrange, 5e • M° Maubert-Mutualité • Tél. 01 43 54 66 11
thanh-binh.fr • Ouvert tous les jours de 9h30 à 19h

Khai Tri
93, avenue d'Ivry, 13e • M° Tolbiac • Tél. 01 45 82 95 81
khaitri.eproshopping.fr • Ouvert du mardi au dimanche de 10h à 17h

EUROPE

96 Allemagne
98 Angleterre
100 Irlande
102 Belgique
104 Écosse
106 Espagne
108 Grèce
110 Portugal
112 Italie
114 Pologne
116 Russie
118 Suède
120 Danemark

Kiez Kanal

ALLEMAGNE

• Bien sûr, quand on dit "bar allemand", on pense tout de suite chopes de bière grandes comme un broc, *Currywurst* fumantes, tables communes et bonne ambiance. **Kiez Kanal,** monté par le duo franco-germanique Maxime et Niklas, propose tout ça et plus encore. Car il ne faut pas oublier que les Allemands sont aussi fortiches en plein air. Et là, on est servi avec une terrasse XXL qui a le bon goût de donner sur un plan d'eau comme à Berlin sur le bord de la Spree ou près des docks de Hambourg, où s'ébattent cormorans et avironneurs. On peut même vous prêter un jeu de Mölkky pour l'apéro au soleil.

• Fondée en 1956, la **Maison Heinrich-Heine**, première présence allemande d'après-guerre sur le sol français, est l'un des pavillons les plus actifs de la Cité U. Cet élégant bâtiment moderniste s'impose comme un véritable centre culturel bis (à côté du Goethe-Institut, sis dans le 16e), et la maison propose plus de 180 manifestations par an : récitals baroques, pièces de théâtre, colloques, films (rétrospective Wim Wenders, hommage à Marlene Dietrich)...

Tante Emma-Laden

• Équivalent allemand de feux nos Félix Potin, **Tante Emma-Laden** était le petit nom des épiceries de quartier des années 1960. Aujourd'hui, c'est une boutique colorée qui surfe à fond sur la nostalgie et le kitsch de ces années-là au cœur du marché couvert de la porte Saint-Martin. Bières à gogo, *Wurtz* variées, étranges préparations pour boulette de pain, bocaux de confiture de tomates, de jus de choucroute, bouteilles de liqueur aux œufs... Huit cents spécialités, parfois bizarres, qui font voyager nos tables outre-Rhin.

Kiez Kanal
90, quai de la Loire, 19e • M° Crimée • Tél. 01 42 02 33 94 • kiez.fr
Ouvert tous les jours de 15h à minuit, vendredi et samedi de 12h à 2h

Maison Heinrich-Heine – Fondation de l'Allemagne
Cité universitaire • 27, boulevard Jourdan, 14e • RER Cité-Universitaire
Tél. 01 44 16 13 00 • maison-heinrich-heine.org

Tante Emma-Laden
Marché de la porte Saint-Martin : 31-33, rue du Château-d'Eau, 10e
M° Strasbourg-Saint-Denis • Tél. 01 42 46 51 17 • tante-emma-laden.fr
Ouvert du mardi au samedi de 9h à 20h, le dimanche de 9h20 à 14h

British Shoes

ANGLETERRE

• C'est l'admiration pour le cuir bien travaillé, la robustesse et le style imperméable aux modes des chaussures d'outre-Manche qui a poussé André Marzuk à lâcher, en 1979, la pharmacie pour ouvrir **British Shoes**, étonnante boutique d'importation des meilleures marques anglaises (Crockett & Jones, Church's, Loake, Grenson, Sanders...). Aujourd'hui, sa fille Sonia lui emboîte le pas en gardant intacte la passion. Profonde moquette, bonne odeur de cuir et accueil hyper pro : on se croirait à Savile Row !

• "Pour bien manger en Angleterre, il faut prendre trois petits déjeuners par jour" : Somerset Maugham n'était pas tendre avec la cuisine anglaise. Loin de ce dénigrement trop facile, concédons qu'Albion sait aussi faire du bon ! Par exemple à **L'Entente**, brasserie ultra-british où l'on peut se régaler (oui oui !) de *Welsh rarebit on toast,* d'une tourte au poulet ou d'un mortel fish'n chips avec des frites maison à triple cuisson dont vous nous direz des *news*. Monumental brunch le week-end qui devrait vous permettre de vous limiter à deux breakfasts dans la journée. Environ 35 €.

L'Entente

• La guerre de Cent Ans, Trafalgar, Waterloo, le dernier tournoi des 6 Nations... Oublions toutes ces fâcheries et allons profiter au **Bombardier** du meilleur de l'Angleterre au cœur du 5e et à l'ombre du Panthéon. Comme dans les pubs de Liverpool, Bath ou Manchester, les pierres y sont vieilles, les poutres apparentes, les boiseries lustrées et les tabourets rembourrés. On y descend des pintes (importées de Bedford, car le lieu appartient à la chaîne Wells) en compagnie d'échappés du Brexit venus jouer aux fléchettes et regarder le foot. Comme là-bas, quoi.

British Shoes
8, rue de Prague, 12e • M° Ledru-Rollin • Tél. 01 43 41 98 18 • britishshoes.fr
Ouvert du mardi au vendredi de 11h à 19h, samedi de 10h à 19h

L'Entente
13, rue Monsigny, 2e • M° Quatre-Septembre • Tél. 01 47 42 92 35
lentente.paris • Ouvert tous les jours de 12h à 23h30

The Bombardier
2, place du Panthéon, 5e • RER Luxembourg • Tél. 01 43 54 79 22
bombardierpub.fr • Ouvert du lundi au jeudi de 17h à minuit, le vendredi jusqu'à 1h, le samedi de 14h à 1h et le dimanche de 14h à minuit

Le Comptoir Irlandais

IRLANDE

• Frottez-vous les yeux… Non, vous ne rêvez pas, voilà bien un gastro-pub irlandais tout en classicisme boisé qui ne propose *pas* de Guinness ! À la place, on a le droit de plonger les lèvres dans des pintes de mousses artisanales dûment choisies par les sympathiques tauliers. Quitte à se démarquer, notons aussi que **The Green Goose** a banni les écrans bloqués sur une chaîne de sport. En échange, on s'assoit coude à coude au bar ou à la table commune pour déguster une cuisine maison qui ne manque pas de celte : tourte au bœuf, parmentier d'agneau, œuf Bénédicte et saumon irlandais, fish'n chips… Brunch pantagruélique le week-end. Environ 16 € le plat.

• Des moutons, des landes et des embruns, voilà (à gros traits) résumés les trois indestructibles piliers de l'Irlande. Sur les étagères de ce **Comptoir Irlandais**, à la devanture vert bouteille réglementaire, whiskeys tourbés, bières amères et gros pulls colorés se taillent la part du lion. Vous trouverez aussi de quoi gaélifier votre intérieur : mugs, verres à whiskey, plaids cosy, paquets de *shortbreads* pour l'*afternoon tea*… Lancée dans les années 1970 depuis le port de Brest, cette chaîne de 45 magasins possède une autre adresse parisienne dans le 11e, au 157, boulevard Voltaire.

The Quiet Man

• Prenez un grand bol d'Eire dans ce qui est sans doute l'un des plus petits pubs de Paris, ouvert en 1989 par un musicien irlandais. Si deux Dublinois y entrent difficilement de front, **The Quiet Man** réussit l'exploit d'offrir quand même toutes les options de la *public house* celtifiée conforme : une cible de fléchettes rongée par les concours hebdomadaires, une cave voûtée accueillant des concerts de musique celtique (mercredi et samedi) ou des veillées chantées (le jeudi) et des pintes (Guinness à 6,50 €) pour s'hydrater à toute heure.

The Green Goose
19, rue des Boulets, 11e • M° Rue-des-Boulets • Tél. 09 82 37 73 41
thegreengoose.fr • Ouvert le lundi de 11h à minuit et du mardi au dimanche de 11h à 19h30

Le Comptoir Irlandais
57, rue de Tolbiac, 13e • M° Olympiades • Tél. 01 44 24 08 87
comptoir-irlandais.com • Ouvert le lundi de 14h à 19h et du mardi au samedi de 10h à 19h

The Quiet Man
5, rue des Haudriettes, 3e • M° Rambuteau • Tél. 01 48 04 02 77
thequietman.eu • Ouvert du lundi au samedi de 17h à 2h

De Clercq

BELGIQUE

• L'autoproclamé roi de la frite Thibaud **De Clercq** tente de convertir Paris à la frite belge depuis sa petite boutique rouge et noire des Grands Boulevards. Sa recette respecte à la lettre les saints préceptes des *fritkots* du plat pays : de la bintje cuite en deux cuissons dans la graisse de bœuf. Résultat impeccable avec des batônnets blonds comme Plastic Bertrand, croustillants dehors et fondants dedans. Accommodez votre cornet (4 €) non pas d'un banal ketchup mais d'une grosse rasade de sauce Dallas (mayo, ketchup, oignons, chili...) inventée dans *Dikkenek* et commercialisée par un Belge malin. Possibilité d'exploser votre compte calorique de la journée en y ajoutant un burger au maroilles (6 €) et une gaufre liégeoise en dessert (3 €).

• Ce n'est pas un concours, mais il faut reconnaître que le ratio artistes/population totale place la Belgique loin devant la France. Pour mesurer ce dynamisme de la création artistique contemporaine wallonne (donc francophone), une visite au **Centre Wallonie-Bruxelles** s'impose. La programmation s'avère plus large qu'un grand écart de Jean-Claude Van Damme avec des expos sur la bande dessinée, la peinture, des projections de films, des concerts... Un bouillon de culture enthousiasmant dans lequel il faut plonger et replonger.

Centre Wallonie-Bruxelles

• Bienvenue au **Bouillon Belge** ! Il n'y a pas si longtemps, ce bar s'appelait encore le Bouillon Belge, puis un changement de proprio lui a valu de perdre son adjectif tandis que les drapeaux noir-jaune-rouge se faisaient plus discrets. Mais que l'amateur de flamandise se rassure, l'essentiel belge est toujours là, notamment avec un choix de dingo de bières de là-bas : treize (13 !) à la pression, de la blanche à la fruitée, en passant par la blonde et, en bouteille, de l'abbaye comme s'il en pleuvait. Les mercredis, les moules à l'œil demeurent un rendez-vous immanquable (mais attention, il faut payer les frites !).

De Clercq
169, rue Montmartre, 2e • M° Grands-Boulevards • Tél. 09 75 51 46 05
lesroisdelafrite.com • Ouvert du dimanche au jeudi de 11h à minuit, vendredi et samedi jusqu'à 2h

Centre Wallonie-Bruxelles
127, rue Saint-Martin, 1er • M° Les Halles • Tél. 01 53 01 96 96 • cwb.fr
Entrée : de 5 à 10 €

Le Bouillon Belge
6, rue Planchat, 20e • M° Avron • Tél. 01 43 70 41 03 • Facebook : LeBouillonB
Ouvert du mardi au samedi de 17h à 2h

La Maison du Kilt

ÉCOSSE

• L'élégance monte d'un clan ! À **La Maison du Kilt**, vous trouverez tout pour vous vêtir comme un véritable *highlander* en tenue d'apparat. Au menu : des kilts, bien sûr, à choisir parmi les innombrables motifs tartans traditionnels, notamment bretons, la spécialité du lieu (comptez 550 € le modèle tissé en Écosse, 60 € au Pakistan). Mais on y déniche aussi des *sporrans* (bourses portées devant), des *glengarries* (calots) et des chaussettes montantes maintenues par des *flashes* (jarretières à tartan) et où l'on glisse un *sgian dubh* (couteau décoratif). Le détail qui fait tout !

• **The Auld Alliance,** baptisé en hommage au traité de Corbeil (1326, mais vous le saviez) par lequel les rois de France et d'Écosse se jurèrent mutuelle assistance, a longtemps été le seul pub écossais de la capitale. Déco bois et pierre de taille, serveurs à l'accent à couper à la dague, épée accrochée au mur, carte des whiskies épaisse comme un bottin et étonnant Haggis Burger : le pub coche toutes les options d'un dépaysement celtique pas toc. On peut y jouer aux fléchettes, au billard, mais c'est lors des matchs de rugby que l'atmosphère tutoie les sommets.

The Auld Alliance

• Colin Shepherd, le sympathique patron du lieu, le répète à qui veut bien l'entendre, **The Pure Malt** est le seul pub écossais de Paris tenu par un Écossais pur jus ! Est-il pour autant vraiment plus typique que ses concurrents ? Difficile à dire, mais reconnaissons que cette salle à peine plus grande qu'une cornemuse vous transporte plus près des Highlands que du Marais. Belle offre de whiskies, du Speyside à l'Islay, poésie le lundi soir et retransmissions de matchs dès que l'occasion se présente. À visiter absolument lors de la fête nationale écossaise, le 30 novembre !

La Maison du Kilt
34, boulevard Jourdan, 14e • M° Porte-d'Orléans • Tél. 01 40 47 74 05
tartanbreton.com • Ouvert du mardi au samedi de 10h30 à 12h30 et de 14h à 18h30

The Auld Alliance
80, rue François-Miron, 4e • M° Saint-Paul • Tél. 01 48 04 30 40
theauldalliance.com • Ouvert du lundi au vendredi de 15h à 2h, samedi et dimanche de 12h à 2h

The Pure Malt
4, rue Caron, 4e • M° Saint-Paul • Tél. 01 42 76 03 77 • thepuremalt.fr
Ouvert du mardi au vendredi de 17h à 2h, le samedi de 12h à 2h, le dimanche de 14h à 2h

Instituto Cervantes

ESPAGNE

• Créé par Madrid pour promouvoir l'enseignement de la langue espagnole *urbi et orbi*, l'**Instituto Cervantes** a bien élargi sa noble mission. La grande salle centrale accueille régulièrement des expositions gratuites de photos ou de peintures d'artistes ibères, des concerts ou des films... Et comme la culture se retrouve aussi dans l'assiette, complétez votre visite par un déjeuner au secret El Café de Fiorella. La petite salle propose, dans une déco épurée à base de contreplaqué et de mobilier de jardin, une cuisine ibérico-péruvienne sincère et ultra-fraîche : salade ibérique, gaspacho, poulpe à la galicienne... Comptez 15-20 € par personne.

• D'indolents *jamones* attendant le chaland, pendus au mur (bellota, pata negra, Serrano Gran Reserva d'Amancio), des présentoirs de chorizo et de *salsas,* des étagères de vins jusqu'au plafond... **La Vendimia d'Espagne** ne laisse planer aucun doute : vous voilà bien dans une ambassade de toutes les saveurs espagnoles. Le patron, qui connaît son affaire, peut vous parler manchego ou pata negra toute la journée. Il est possible de déguster sur place quelques délicieuses plancha pour se croire à un apéro outre-Pyrénées.

Galerna

• Cette élégante cantine indus aux murs en brique et mobilier métal, baptisée du vent de nord-est qui souffle sur la Galice et le Pays basque, fouette la gastronomie ibérique expatriée. Iñigo Ruiz Rituerto, qui tient ferme la barre de la cuisine vitrée de **Galerna,** propose un assortiment de tapas bien pensées et débordant de saveurs : sardines grillées et fenouil, sandwich à l'émietté de canard, jambon bellota, *chistorra* grillée... Entre 2 € et 7 € la portion. Carte des vins largement ibérique et fort recommandable.

Instituto Cervantes
7, rue Quentin-Bauchart, 8e • M° George-V • Tél. 01 40 70 92 92
paris.cervantes.es • Ouvert du lundi au jeudi de 9h15 à 18h30, le vendredi de 9h15 à 15h, le samedi de 9h30 à 16h

La Vendimia d'Espagne
2, rue Hégésippe-Moreau, 18e • M° La Fourche • Tél. 01 84 06 77 13
lavendimiadespagne.com • Ouvert du mardi au samedi de 10h à 14h et 16h à 20h

Galerna
7, rue du Cher, 20e • M° Gambetta • Tél. 09 81 29 27 12 • galerna.fr
Ouvert du mardi au samedi de 12h à 14h et de 19h30 à 22h30

Desmos

GRÈCE

• Fondée par le poète Yannis Mavroeidakos en 1983, **Desmos** (le “lien” dans la langue de Demis Roussos) est devenue au fil des années bien plus qu’une simple librairie spécialisée. Derrière la jolie façade indigo rappelant les maisons de Santorin, Yannis a publié les œuvres d’écrivains et de poètes inédits chez nous, dispensé des cours de grec et organisé des concerts. Il a même annexé la boutique voisine pour en faire une galerie et exposer ses amis artistes hellènes. Bref, voilà le QG bien vivant de la Grèce à Paris !

• On le sait, le régime crétois produit des centenaires à la pelle. À **L’Esprit Crétois**, vous trouverez tout pour allonger votre espérance de vie à chaque repas : huile d’olive sourcée (Laztimas, Protogerakis), miel bio, féta d’Épire et thym sauvage… Dans cette lumineuse boutique (évidemment blanche et bleue), vous allez aussi découvrir que les centenaire crétois ont des peaux de bébés grâce à des lignes de produits cosmétiques qui fleurent bon la Méditerranée : à l’eucalyptus, au miel, à la caroube… ou à la bave d’escargot !

L'Esprit Crétois

• La fratrie Mavrommatis (pourtant chypriote) règne sans beaucoup de partage sur la gastronomie grecque parisienne. Avant leur table haut de gamme (et étoilée), Andréas avait ouvert **Les Délices d'Aphrodite,** taverne bistrotière pas bégueule aux impeccables assiettes. On y picore feuilletés au fromage de brebis, feuilles de vigne farcies au riz et pignons de pin, caviar d'aubergines fumées, poulpe à l'huile d'olive, moussaka... Aux beaux jours, il vous faudra de la chance pour arracher une place sur la petite terrasse donnant sur la paisible rue de Candolle. Comptez 25-30 € à la carte.

Desmos
14, rue Vandamme, 14e • M° Gaîté • Tél. 01 43 20 84 04 • desmos-grece.com
Ouvert du mardi au samedi de 12h à 19h

L'Esprit Crétois
147, rue Ordener, 18e • M° Jules-Joffrin • Tél. 01 81 69 55 35 • lespritcretois.fr
Ouvert du mardi au samedi de 10h30 à 19h, le dimanche de 10h30 à 13h30

Les Délices d'Aphrodite
4, rue de Candolle, 5e • M° Censier-Daubenton • Tél. 01 43 31 40 39
mavrommatis.com • Ouvert tous les jours de 12h à 14h30 et de 19h à 23h

Comptoir Saudade

PORTUGAL

• Tout dans cette cantine popu (à part la déco hérétique en fausse maçonnerie) vous propulse *illico* sur les bords du Tage : l'accent chantant des serveurs, la nationalité de la clientèle, les croustillants beignets de morue, le poulet grillé fondant et parfumé, les frites maison, la sauce au poivron agrémentée de son "ingrédient secret"... N'hésitez pas à essayer les autres atouts de cet **As du Poulet,** notamment les grillades de porc bien relevées. Les prix semblent directement importés de Lisbonne sans passer par la case inflation, avec une assiette maousse pour 9,50 €.

• La *saudade* désigne cet oxymore sentimental de nostalgie heureuse, de douce tristesse qui amène en même temps les larmes aux yeux et l'espoir au cœur. En invoquant le meilleur de son Portugal natal sur les étagères de son **Comptoir Saudade,** Flora combat (et entretient !) le mal du pays chez tous les lusophiles... Ceux-ci remplissent leur panier de *presunto* (jambon fumé traditionnel), de *porco preto* (chorizo de porc noir), de bouteilles de *vinho verde*, de chocolats Avianense, de thé des Açores... Vous pouvez même prendre un *bica* (petit café) en terrasse !

• Icônes portugaises par excellence, les *azulejos* (prononcez “azoulejosse”) viennent en réalité d’Espagne ; leur nom dérive de l’arabe *al zuladj*, “pierre polie”, et leur bleu traditionnel a été piqué aux Hollandais, qui eux-mêmes copiaient les Chinois ! Reste que les artisans lusitaniens ont élevé ces carreaux de faïence au rang d’art naïf majeur, et une visite chez **Ceramis Azulejos** va vous en convaincre avec pléthore de modèles : fleurs, frises arabisantes, fontaines pompéiennes…

L’As du Poulet
19, rue Delbet, 14e • M° Plaisance • Tél. 01 45 43 19 19 • Ouvert tous les jours de 11h30 à 14h30 et du mardi au dimanche de 18h30 à 22h30

Comptoir Saudade
27bis, rue de la Jonquière, 17e • M° Guy-Môquet • Tél. 01 45 88 24 95
Facebook : comptoirsaudade • Ouvert du vendredi au dimanche de 11h à 20h, lundi, mardi et jeudi de 11h à 18h

Ceramis Azulejos
130, avenue de Versailles, 16e • M° Chardon-Lagache • Tél. 01 46 47 50 98
Ouvert du mardi au samedi de 10h à 13h30 et de 14h à 18h30

Eataly

ITALIE

• Petite librairie colorée perdue au milieu des magasins de fringues du Marais, la **Tour de Babel**, comme son nom ne l'indique pas, possède des livres non dans toutes les langues du monde, mais très majoritairement en italien. Si vous vous décidez à apprendre la langue chantante de Toto Cutugno, vous trouverez ici les derniers ouvrages des écrivains contemporains (Veronesi, Santangelo...), et un accueil velouté.

• Bien sûr, l'échelle d'**Eataly**, immense *food hall* réparti sur trois niveaux avec trois restaurants et deux cafés, risque d'effrayer les amateurs de petites trattorias familiales. Mais reconnaissons que l'offre de produits transalpins se révèle à la fois pléthorique et parfaitement sourcée : mozzarella des Pouilles, lard de Colonnata, pecorino de Toscane... Prix assez raides.

• Trouver le temps long ? Pas devant les assiettes concoctées à **Tempilenti** par Francesca Feniello. Ce bistrot minimaliste nous emmène, à son rythme, vers une cuisine italienne réjouissante, loin des clichés *pasta e pizze* : *vitello tonnato* (tranches de veau et mayonnaise au thon), *garmugia* (mijoté de fèves, artichauts, viande), panna cotta au romarin... Environ 30 €.

• On peut tourner la question dans tous les sens, la capitale de la pizza restera toujours Naples. Et ça tombe bien car, à **Da Graziella,** bistrot Art nouveau, on la fait comme là-bas – feu de bois, produits régionaux et pâte aérienne –, de l'indétrônable Margherita à la plus étonnante Sanguinella (tomate jaune, *fior di latte, 'nduja,* menthe). Prix très parisiens !

Tour de Babel
10, rue du Roi-de-Sicile, 4e • M° Saint-Paul • Tél. 01 42 77 32 40
librairieitalienne.com • Ouvert du mardi au samedi de 10h à 13h et de 14h à 19h

Eataly
37, rue Sainte-Croix-de-la-Bretonnerie, 3e • M° Saint-Paul • Tél. 01 83 65 81 00
eataly.fr • Ouvert tous les jours de 8h30 à 21h

Tempilenti
13, rue Gerbier, 11e • M° Voltaire • Tél. 09 81 01 81 10 • Ouvert du jeudi au lundi de 12h30 à 15h et de 10h à 23h

Da Graziella
43, rue des Petites-Écuries, 10e • M° Château-d'Eau • Tél. 01 45 65 37 15
dagraziella.fr • Ouvert du lundi au vendredi de 12h à 14h30 et de 19h à 21h

Comme en Pologne

POLOGNE

• Sous les moulures de cette élégante boutique d'angle, on se retrouve vraiment **Comme en Pologne**. Piotr et Dorata proposent une énorme sélection de marchandises pour nous transporter à Varsovie. Côté épicerie, des *pierogi* (raviolis au chou et à la viande), des saucisses de Cracovie, des garnitures pour gâteau au pavot, des parts de *placek* aux pommes, diverses conserves riches en consonnes et en calories… Et, au fond du magasin, des produits de l'artisanat polonais fraîchement importés sous la marque maison Polka Folk : foulards colorés, chaussons en fourrure…

• **Ksiegarnia Polska** fait rayonner la culture polonaise en plein Quartier latin depuis… 1833 (mais n'occupe cette adresse "que" depuis 1918) ! La librairie a été fondée par des exilés fuyant la police tsariste, puis reprise par une succession d'intellectuels engagés. Derrière la vitrine ornée d'un beau lettrage Art déco, on trouve aujourd'hui une imbattable sélection de livres polonais traduit ou en VO, des films, des journaux et même quelques objets artisanaux de décoration.

Ksiegarnia Polska

• **Paris Polska** est une cantine pas bégueule qui propose une solide cuisine polonaise : excellent *pierogi* au bœuf, au chou ou à la pomme de terre (spécialités de la maison), *golabki* (variante du chou farci) ou goulasch au bœuf. Des plats qui tiennent au corps pour affronter un hiver rigoureux (en cas de canicule ou de régime, c'est peut-être moins indiqué). Certains soirs, on pousse les tables pour des concerts de musique traditionnelle et un bonus de dépaysement.

Comme en Pologne
9, rue Hégésippe-Moreau, 18e • M° La Fourche • Tél. 06 98 39 13 06
Facebook : PolkaFolk • Ouvert du mardi au samedi de 11h à 20h

Ksiegarnia Polska
123, boulevard Saint-Germain, 6e • M° Odéon • Tél. 01 43 26 04 42
Facebook : librairie.polonaise • Ouvert du mardi au samedi de 11h à 19h

Paris Polska
42, rue des Vignoles, 20e • M° Buzenval • Tél. 01 44 93 72 33 • parispolska.com
Ouvert du mardi au dimanche de 12h à 15h et mardi, vendredi et samedi de 19h à 22h

La Cantine russe

RUSSIE

• Un étroit passage greffé sur la bruissante rue de Crimée débouche dans une cour arborée et calme servant d'écrin à l'**église Saint-Serge-de-Radonège** entièrement caparaçonnée de bois peint. Ne vous fiez pas à sa discrétion, il s'agit d'un important centre théologique orthodoxe en Occident. À l'intérieur, on admire une débauche de murs colorés et d'icônes en bois rouge. Pour visiter, il est préférable de venir à la fin d'un office. Sinon, il faudra compter sur la présence d'une belle âme susceptible de vous ouvrir les portes.

• **La Cantine Russe,** planquée dans le sous-sol du conservatoire Rachmaninoff, prend toute sa mesure en soirée, lorsque la scène est occupée par un orchestre qui envoie du répertoire slave sur plusieurs octaves. Moins sonore au déjeuner, le dépaysement est pourtant bien présent : des matriochkas de-ci, un samovar astiqué de-là et, dans les assiettes, une solide cuisine russe tradi (menu midi à 18 €) avec bouillon gras à la viande et *chachlik* (brochettes) de poulet ou chou farci. Au printemps, superbe terrasse dans la cour.

Gastronomie russe

• **Gastronomie Russe** est une chaîne de supérettes où l'on fait le plein de plats cuisinés (ragoût de sarrasin, *letcho* aux champignons, raviolis à la cerise…), de fromage fumé aux trois charbons de bois, de vrai kacha (dont le grain ne se délite pas à la cuisson), de miel du Kazakhstan, de vodkas et de bières Baltika.

Église Saint-Serge-de-Radonège
93, rue de Crimée, 19ᵉ • M° Laumière • Tél. 01 42 01 96 10 • Office tous les jours à 8h et à 18h, liturgie le dimanche à 10h

La Cantine Russe
26, avenue de New-York, 16ᵉ • M° Iéna • Tél. 01 47 23 97 46
lacantinerusseparis.fr • Ouvert du lundi au samedi de 12h à 22h

Gastronomie Russe
53, boulevard des Batignolles, 8ᵉ • M° Villiers • Tél. 01 42 93 10 43
gastronomie-russe.fr • Ouvert du lundi au samedi de 10h à 20h

SUÈDE

• Mettons les trémas sur les “a” : **Affären** (“boutique” dans la langue d’ABBA) s’impose comme la meilleure épicerie suédoise parisienne, opportunément logée à un jet de blini de l’église suédoise de la rue Médéric. Agneta Kossowski a pris soin de garnir ses étagères de tout ce dont les exilés (ou les amoureux des spécialités nordiques) pouvaient avoir besoin : roulés à la cannelle tout chauds, saumons fumés, chips à l’aneth ou étonnants Kalles, des œufs de cabillaud en tube... Outre un espace déco, la patronne propose également quelques places pour savourer des plats typiques : boulettes *köttbullar* ou sandwiches *smörgås*.

• Dans la noble cour pavée du très bel hôtel de Marle, **Le Café Suédois** sert de petites assiettes typiques à manger sur le pouce. Tartines au saumon mariné ou aux boulettes, soupe du jour, gâteau à la carotte. Pour le *fika* (le gouter suédois), vous trouverez un bel assortiment de sucreries : roulés à la cannelle, gâteau à la rhubarbe, tarte aux airelles à faire couler avec un verre de sirop de fleur de sureau. L’hiver, il faudra vous contenter de la salle à l’épure toute nordique.

Le Café Suédois

• Depuis 1973, **Kerstin Adolphson** (du nom de son créateur) propose aux chalands cherchant la chaleur des productions suédoises, mais aussi scandinaves au sens large, des boîtes norvégiennes en poil de vache, des bonnets lapons, des chaussettes en mérinos ou des besaces en cuir de renne. Aux beaux jours, on penchera plutôt pour les sandales suédoises assemblées à la main ou les sabots multicolores.

Affären
3 bis, rue Léon-Jost, 17e • M° Courcelles • Tél. 01 42 81 91 75
Facebook : lepiceriefinesuedoise • Ouvert du lundi au samedi de 11h à 18h, le dimanche de 12h à 17h

Le Café Suédois
11, rue Payenne, 3e • M° Chemin-Vert • Tél. 01 42 71 99 79
Facebook : lecafesuedois • Ouvert du mardi au dimanche de 12h à 18h

Kerstin Adolphson
157, boulevard Saint-Germain, 6e • M° Saint-Germain-des-Prés
Tél. 01 45 48 00 14 • kerstinadolphson.com • Ouvert du lundi au samedi de 10h à 19h

Maison du Danemark

DANEMARK

• Depuis 1955, la **Maison du Danemark** abreuve les amateurs de culture danoise. On monte dans les étages pour assister à des lectures, à des projections de films ou à des expositions de peinture dont le point commun est d'être toutes liées au pays des Lego et de Lars von Trier. Ceux qui recherchent des nourritures plus terrestres peuvent s'attabler dans la chic brasserie Flora Danica à la déco grise et bois. Sa cour arborée est encore le meilleur endroit où savourer un hareng au curry ou un saumon fumé agrémenté d'un cocktail à l'aquavit.

• Pour être plus danois que cette chaîne de magasins créée en 1973 à Aarhus par Inger Grene et Knud Cresten Vaupell Olsen, il faut au moins posséder une moitié de corps de poisson ! La spécialité de **Søstrene Grene** ? Les objets du quotidien des maisons danoises : aiguilles à tricoter et laines colorées, papeterie raffinée, bougies parfumées et petit mobilier soigné. Tout pour se lover avec délice dans le *hygge*, mot danois évoquant à la fois la chaleur, le confort et le bien-être. Le tout à des prix défiant toute concurrence ! La chaîne a essaimé des boutiques dans le monde entier et possède cinq autres adresses à Paris.

• Le design scandinave, tout en élégance minimaliste, ne se départ pas d'une classe intemporelle. Pour vous en convaincre, allez donc jeter un coup d'œil au mobilier proposé à **La Boutique Danoise,** fondée en 1954 par Peter Holm. Les tables de Poul Kjærholm, les luminaires de Poul Henningsen et les canapés Fabricius & Kastholm ne devraient pas vous laisser insensible. Évidemment, les prix ne sont pas vraiment comparables à ceux pratiqués par une grande enseigne suédoise dont le nom commence par un "i" et se termine par "a".

Maison du Danemark
142, avenue des Champs-Élysées, 8e • M° George-V • Tél. 01 56 59 17 40
maisondudanemark.dk et floradanica.f • Restaurant ouvert tous les jours de 8h à minuit

Søstrene Grene
8/10, rue de Rivoli, 4e • M° Saint-Paul • Tél. 01 87 86 69 03
sostrenegrene.com/fr • Ouvert tous les jours de 10h à 20h

La Boutique Danoise
264, boulevard Saint-Germain, 7e • M° Solférino • Tél. 01 42 39 48 40
laboutiquedanoise.com • Ouvert du mardi au samedi de 10h à 19h

INDEX

INDEX ALPHABÉTIQUE

404 9

A

Aborigène Galerie 81
Acà Taqueria 57
Ace Mart 83
Affären 119
Afghani 31
ALD 23
Anatolia Village 45
Artisanat Balinais 79
As du Poulet (L') 111
Au Bonheur des Îles 63
Aussi(e) 81
Avesta 41

B

Balie Bousso 15
Ban Sabaï 91
Bar à Momos 89
Bazar Suzanne 33
Bekseju Village 83
Bien Bien 91
Biondi 49
Bô 63
Bonito y Sabroso 53
Boteco Lapa 61
Bouillon Belge (Le) 103
Boutique Danoise (La) 121
British Shoes 99

C

Café Égyptien (Le) 25
Café Suédois (Le) 119
Cafétéria El Juanchito 51
Calebasse d'Afrique (La) 15
Cantine Russe (La) 117
Cap Horn (Le) 59
Carnar 49
Casa del Tango (La) 49
Casa Picaflor 55
Cathédrale apostolique arménienne Saint-Jean-Baptiste 39
Cave de Colchide (La) 43
Centre culturel Ahmet-Kaya 41
Centre culturel algérien 9
Centre Pouya 37
Centre Teochew de méditation bouddhique 77
Centre Wallonie-Bruxelles 103
Ceramis Azulejos 111
Cheminée 37
Chez Bob de Tunis 17
Chez Mamane 9
Christian de Montaguère 63
Colchide 43
Comme en Pologne 115
Comptoir Irlandais (Le) 101
Comptoir Saudade 111
Cubana Café 53

D

Da Graziella 113
Dao 77
De Clercq 103
Délices d'Aphrodite (Les) 109
Délices d'Orient (Les) 35
Desmos 109
Diamantaires (Les) 39
Di-Napoli 17
Djakarta Bali 79

E

Eataly 113
Echo 71
Église Saint-Serge-de-Radonège 117
Église Sainte-Nino 43
El Inti 55
El Juanchito 51
Entente (L') 99
Envol (L') 67
Épicerie de Madagascar (L') 21
Épicerie du Faubourg 45
Épicerie Le Caire 25
Eskan 37
Esprit Crétois (L') 109

FG

Faisal 87
FAT Bar 71
Filaos (Les) 27
Gabriela 61
Gagosian 69
Galerna 107

Gastronomie Russe 117
Godjo 23
Guayapi 61

HI

Hammam Pacha 13
Hardware Société 81
Harpo 71
Harry's Bar 69
Heratchian Frères 39
Higuma 75
Indian Super Market 85
Instituto Cervantes 107

KL

Kashmir House 87
Kerstin Adolphson 119
Keur 15
Khai Tri 93
Kibélé 45
Kiez Kanal 97
Kioko 75
Kootchi 31
Kouchery du Bon Cœur 25
Krishna Bhavan 85
Ksiegarnia Polska 115
La Esquinita 57
Librairie du Québec 67
Liwan 35

M

Maison du Danemark 121
Maison du Kilt (La) 105
Maison Heinrich-Heine – Fondation de l'Allemagne 97
Maloya 19
Mamabali 79
Marché Gouro d'Abidjan 11
Masmoudi 17
Mauritius Bazar 27
Mauritius (Le) 27
Mazalay Couture 11
Merveilles de Kaboul 31
Mi Peru 55
Mirama 77
Mi Ranchito Paisa 51
Miznon 33
Mlle à Marrakech 13

OP

Ohinéné 11
Pachanga (La) 53
Paris Polska 115
Passion Épices 19
Poco Loco 59

QRS

Québecium 67
Resto Gasy 21
Réunion (La) 19
Route du Tibet (La) 89
Sacha Finkelsztajn 33
Salon de thé de la Grande Mosquée de Paris 9
Sawa Shoes 23
Schwartz's 69
Sirocco (Le) 13
Soon Grill 83
Søstrene Grene 121
Sous les baobabs au marché 21
Stand Tora 75
Supra 43

T

Tante Emma-Laden 97
Thanh Binh Jeune 93
Tempilenti 113
Temple de Ganesh 85
Temple Kagyu-Dzong 89
Thaï Shop 91
The Auld Alliance 105
The Bombardier 99
The Green Goose 101
The Pure Malt 105
The Quiet Man 101
Tienda Esquipulas 57
Tierra del Fuego 59
Tour de Babel 113
Trois Cèdres (Les) 35

UV

Urfa Dürüm 41
Velan 87
Vendimia d'Espagne (La) 107

INDEX GÉOGRAPHIQUE

1er

Centre Wallonie-Bruxelles 103
Djakarta Bali 79
Higuma 75
Stand Tora 75

2e

Ace Mart 83
Casa Picaflor 55
De Clercq 103
Echo 71
Entente (L') 99
Harpo 71
Harry's Bar 69
Kioko 75
La Esquinita 57

3e

404 9
Café Suédois (Le) 119
Eataly 113
El Inti 55
FAT Bar 71
Soon Grill 83
The Quiet Man 101

4e

Ban Sabaï 91
Bazar Suzanne 33
Cap Horn (Le) 59
Miznon 33
Sacha Finkelsztajn 33
Schwartz's 69
Søstrene Grene 121
The Auld Alliance 105
The Pure Malt 105
Tour de Babel 113

5e

ALD 23
Bô 63
Café Égyptien (Le) 25
Délices d'Aphrodite (Les) 109
Envol (L') 67
Godjo 23
Kootchi 31
Librairie du Québec 67
Mirama 77
Passion Épices 19
Route du Tibet (La) 89
Salon de thé de la Grande Mosquée de Paris 9
Thanh Binh Jeune 93
The Bombardier 99

6e

Aborigène Galerie 81
Bonito y Sabroso 53
Christian de Montaguère 63
Cubana Café 53
Hammam Pacha 13
Kerstin Adolphson 119
Ksiegarnia Polska 115
Liwan 35
Masmoudi 17
Merveilles de Kaboul 31
Resto Gasy 21

7e

Boutique Danoise (La) 121
Carnar 49

8e

Cathédrale apostolique arménienne Saint-Jean-Baptiste 39
Gagosian 69
Gastronomie Russe 117
Instituto Cervantes 107
Maison du Danemark 121

9e

Bien Bien 91
Chez Bob de Tunis 17
Diamantaires (Les) 39
Gabriela 61
Heratchian Frères 39
Keur 15
Mi Ranchito Paisa 51

10e

Anatolia Village 45
Avesta 41
Boteco Lapa 61
Centre culturel Ahmet-Kaya 41
Centre Pouya 37
Da Graziella 113
Épicerie du Faubourg 45
Faisal 87
Indian Super Market 85

Kashmir House....87
Kibélé....45
Krishna Bhavan....85
Maloya....19
Mauritius Bazar....27
Poco Loco....59
Tante Emma-Laden....97
Tierra del Fuego....59
Urfa Dürüm....41
Velan....87

11e

Artisanat Balinais....79
Aussi(e)....81
Biondi....49
Cafétéria El Juanchito....51
Di-Napoli....17
El Juanchito....51
Tempilenti....113
The Green Goose....101

12e

Bar à Momos....89
British Shoes....99
Guayapi....61
Mi Peru....55
Sous les baobabs au marché....21
Temple Kagyu-Dzong....89

13e

Bambou (Le)....93
Bekseju Village....83
Centre Teochew de méditation bouddhique....77
Chez Mamane....9
Comptoir Irlandais (Le)....101
Dao....77
Épicerie de Madagascar (L')....21
Thaï Shop....91
Trois Cèdres (Les)....35

14e

As du Poulet (L')....111
Desmos....109
Maison du Kilt (La)....105
Maison Heinrich-Heine – Fondation de l'Allemagne....97
Mauritius (Le)....27
Pachanga (La)....53
Réunion (La)....19

15e

Centre culturel algérien....9
Cheminée....37
Délices d'Orient (Les)....35
Église Sainte-Nino....43
Eskan....37

16e

Cantine Russe (La)....117
Ceramis Azulejos....111
Filaos (Les)....27

17e

Affären....119
Comptoir Saudade....111
Mamabali....79
Mlle à Marrakech....13
Québecium....67

18e

Acà Taqueria....57
Afghani....31
Balie Bousso....15
Calebasse d'Afrique (La)....15
Cave de Colchide (La)....43
Colchide....43
Comme en Pologne....115
Esprit Crétois (L')....109
Hardware Société....81
Kouchery du Bon Cœur....25
Marché Gouro d'Abidjan....11
Mazalay Couture....11
Sawa Shoes....23
Temple de Ganesh....85
Tienda Esquipulas....57
Vendimia d'Espagne (La)....107

19e

Bonheur des Îles....63
Casa del Tango (La)....49
Église Saint-Serge-de-Radonège....117
Kiez Kanal....97
Sirocco (Le)....13

20e

Bouillon Belge (Le)....103
Épicerie Le Caire....25
Galerna....107
Ohinéné....11
Paris Polska....115
Supra....43

CRÉDITS PHOTOGRAPHIQUES

Édition : Mathilde Kressmann
Relecture-correction : Sébastien Cordin et Marine Bastide
Direction artistique et couverture : Isabelle Chemin

ISBN : 978-2-37395-150-9
Dépôt légal : novembre 2021
Achevé d'imprimer en UE en octobre 2021